Astrid Wagner

Aug in Aug mit dem Bösen

ASTRID WAGNER

Aug in Aug mit dem Bösen

Eine Strafverteidigerin über ihre schlimmsten Mordfälle

Die in diesem Buch geschilderten Fälle und Personen fiktionalisiert. Sie beruhen auf meinen langjährigen Erfahrungen als Strafverteidigerin. Ähnlichkeiten mit realen Personen sind rein zufällig und nicht beabsichtigt.

Dr. Astrid Wagner

2. neu bearbeitete Auflage
Copyright © 2021 by Astrid Wagner, Wien
Alle Rechte vorbehalten.
ISBN: 9798736105458

Der Umschlag zeigt einen Ausschnitt aus einem Gemälde von Gerhard Häupler, bildender Künstler und Schreibender aus Wien.

Hier seine Kurzbiografie:
Geboren 1943 in Wien. Nach bewegenden Jugendjahren, die ihn auch ins Gefängnis brachten, widmet er sich ab 1969 der bildenden Kunst.
Kunstschule Wien, Akt bei Professor Fritz Martintz.
Barkeeper im Art Center Petersplatz, vormals Fatty`s Saloon.
Studium an der Alliance Francaise, Paris. Straßenausstellungen.
1973 Mitbegründer des Modern Art Club 13.
Ausstellungen und Lesungen mit Schürrer, Pichler, Jakoby, Stankowich, Aharon.
1976 Dritter Preis, Künstlerhaus Jubiläumsausstellung der Kunstschule Wien.
1979 Erste Einzelausstellung Galerie Herzog, im Pferdestall.
1980 Theodor Körner Preis.
1988 – 1989 einjähriger Aufenthalt in Nepal.
1989 Ausstellung der dort entstandenen Werke in Katmandu.
Rückkehr, oftmaliger Ortswechsel, Künstler der Galerie Samek/Wien.
Seit 1994 Atelier in 1210 Wien, Holzmeistergasse 6/2/19, mehrere Ausstellungen.
1996 Marburger Spaziergänge, Maribor.
1999 Einzelausstellung in Prag.
2001 – 2006 Obmann des Literaturmagazins Wienzeile.
2006 MAK-Nite der Wienzeile, Austellung und Lesung.
Veröffentlichungen: Freibord, wienzeile, Wiener Zeitung, stayinart.
Grafikmappe mit Herrmann Schürrer: »Wien ich muss dich erst erfinden du existierst ja nicht.«

INHALT

Die Amerikanerin 7

Hoffnungslos romantisch 30

Der Totmacher 50

Böse Stimmen 73

Kleiner Engel 85

Unschuldsvermutung 104

Die Violinistin 124

Negative Energie 144

Der gute Sohn 157

Overkill 177

Lebensbeichte 197

Eine Autofahrt durch die Wachau: Schlussgedanken 210

Die Amerikanerin

Colorado, USA. Eine mächtige Gebirgskette durchzieht das Land: die Rocky Mountains. Atemberaubende Naturlandschaften, so weit das Auge reicht. Die Winter sind kalt und schneereich, in Colorado liegen Amerikas beliebteste Skiorte, allen voran das mondäne Aspen. Die Sommer sind heiß und trocken. Ein besonderes Naturschauspiel bietet jedoch der Herbst, der berühmte »indian summer«: Da erstrahlen die Wälder in rotgoldenen Farbtönen, die zu einem tiefblauen Himmel kontrastieren.

Im Westen des Landes, inmitten dieses noch intakten Stücks Natur, liegt eine jener Kleinstädte, wie sie typisch für dieses authentische Stück Nordamerika sind: Eingebettet in beeindruckende Bergkulissen, mit breit angelegten Straßen, auf denen Pickups, Chevrolets oder Jeeps verkehren, und Bewohnern, die Nachbarschaftshilfe noch groß schreiben und am Sonntag in die Kirche gehen. Das weiß getünchte Landhaus liegt in einem weitläufigen Park am Stadtrand, es wirkt repräsentativ und dennoch bodenständig: Hier haben Leonie und ihre vier Jahre ältere Schwester Amy eine unbekümmerte Kindheit verbracht. Der Vater Professor an einem College, die Mutter erfolgreiche Immobilienmaklerin. Sie liebten es, ihre Kinder zu ausgedehnten Wanderausflügen in die Berge mitzunehmen, und so wuchs Leonie zu einem bewegungsfreudigen Mädchen heran. Mit zehn Jahren bekam sie von ihren Eltern ein eigenes Reitpferd geschenkt: Als sie »Aaron« das erste Mal sah, war es um sie geschehen. Leonie war eine geschickte Reiterin, ihr schlanker, elastischer Körper schien wie geschaffen für diesen eleganten Sport. Doch Leonie hatte noch viele andere Begabungen: Sie war überaus musikalisch, spielte hervorragend Klavier. Und sie lernte mit Begeisterung Fremdsprachen, vor allem Spanisch, Französisch und Deutsch. Doch Leonies Eltern achteten nicht nur auf eine gute Ausbildung ihrer Töchter, sondern auch darauf, dass ihnen Werte wie Respekt vor dem Mitmenschen und soziale Verantwortung beigebracht wurden.

* * *

Leonie ist zwölf, als ihre Eltern sich scheiden lassen. Die Erwachsenen sind vernünftig genug, um ihre Konflikte nicht über ihre Kinder auszutragen: Amy und Leonie leben weiterhin bei der Mutter, doch der Kontakt zum Vater bleibt eng und intensiv. Man kann über alles vernünftig reden, war immer die Devise der Familie gewesen, und das hat sich nach der Trennung der Eltern nicht geändert.

Als Leonie in die Pubertät kommt, distanziert sie sich ein wenig von ihrer Mutter, der Karrierefrau, die materiellen Werten zuviel Bedeutung beimisst, wie Leonie es empfindet. Sie fühlt sich eher zum Vater hingezogen, dem sportlichen Freigeist. Er ist ihr vom Wesen her wohl viel ähnlicher als die Mutter, und er nimmt sie so an, wie sie eben ist: ein etwas eigenwilliges, aber unheimlich liebenswürdiges und durchaus selbstbewusstes junges Mädchen, das sich von niemandem etwas dreinreden lässt. Derartiges wäre ihm auch niemals eingefallen. Im Gegenteil, er unterstützt sie in ihrem unbändigen Willen, die weite Welt kennenzulernen, ermöglicht ihr Reisen bis nach Europa, vor allem nach Frankreich: Sie ist siebzehn, als sie dieses Land zum ersten Mal bereist und sich in seinen unvergleichlichen Charme verliebt.

* * *

Amy, die große Schwester, scheint hingegen eher nach ihrer Mutter zu geraten: Sie fühlt sich traditionellen Werten verpflichtet, absolviert eine Ausbildung als Immobilienverkäuferin. Als Leonie mit achtzehn die Schule abgeschlossen hat, ist Amy schon verheiratet und Mutter. Die vielseitig begabte Leonie jedoch will sich noch nicht festlegen, was ihre Zukunft betrifft: Nach ein paar Semestern Französisch und ein paar weiteren an der Musikhochschule, wo sie Klavier studiert, entschließt sich die inzwischen zweiundzwanzigjährige Leonie, an einer europäischen Universität zu inskribieren.

In Wien sucht ein junges Paar gerade ein Au-pair-Mädchen für seinen zweijährigen Sohn.

* * *

Gambia, Westafrika. Irgendein winziges Dorf, auf der Landkarte ist es nicht mal eingezeichnet. Die Bewohner sind Kleinbauern, sie fahren täglich zum nahegelegenen Markt, um dort ihre landwirtschaftlichen Produkte wie Mais, Maniok oder Erdnüsse zu verkaufen. Hier wächst ein Junge namens Abdou heran. Seine Familie besitzt ein kleines Stück Land, von dessen Ertrag sie einigermaßen leben kann. Abdou geht nicht zur Schule. Seine Arbeitskraft wird auf dem Feld benötigt, gemeinsam mit seinen Geschwistern muss er bei der Ernte helfen und zum Markt mitfahren. Als sein Vater stirbt, übernimmt sein großer Bruder die Rolle des Familienoberhaupts. Abdou ist zwanzig und beschließt, gegen Norden zu ziehen, nach Libyen. Dort werden Arbeitskräfte gebraucht, die Verdienstmöglichkeiten scheinen verlockend. Die Realität sieht anders aus: Hilfsarbeiten am Bau unter härtesten Bedingungen, mehr als zehn Stunden täglich, fast keine Arbeitspausen. Und nicht selten bleibt er aus, der versprochene Lohn. Doch Abdou hält ein ganzes Jahr durch, denn er hat ein Ziel vor Augen: das »goldene Europa«! Abdou glaubt an dieses Märchen, das die Schlepper unter den Arbeitern verbreiten. Eines Tages hat er genug zusammengespart, um sich die Überfahrt leisten zu können. Nach zwei Tagen auf hoher See strandet er mit rund achtzig anderen Männern in Sizilien. Sie wissen nicht, dass ihre Odyssee erst beginnt.

* * *

»Sie war nicht das, was man sich unter einer typischen Amerikanerin vorstellt«, wird Bernd H., der Wiener Unternehmer, bei dem Leonie als Au-pair-Mädchen gearbeitet hatte, der Kriminalpolizei später erklären. »Sie war vielseitig interessiert, vor allem an moderner Kunst und Theater, war unheimlich belesen und gebildet. Sie hatte etwas Französisches an sich. Das Wichtigste für mich war natürlich, dass sie so liebevoll und unbefangen mit Max, meinem Sohn, umgegangen ist. Der Kleine war richtig vernarrt in sie.«

Wien und sein etwas morbider Flair haben Leonie alsbald gefangen genommen. Nach den Ferien inskribiert sie an der altehrwürdigen Wiener Universität das Fach Germanistik.

* * *

»Leonie war ziemlich kompliziert, manche meinten: versponnen. Aber ich, ich bin auch kein einfacher Mensch. Ich habe sie verstanden, als einer der wenigen Menschen. Wir hatten eine sehr enge Beziehung. Wir waren wie Schwestern. Ich würde uns sogar als Seelenverwandte bezeichnen«, gibt Julia S. bei der Polizei zu Protokoll. Die Germanistikstudentin hatte Leonie vor rund über einen Sprachkurs kennengelernt und eine Zeit lang mit ihr zusammengewohnt. Die kleine Studentenwohnung liegt in einem schicken Bohéme-Viertel, in den Biedermeier-Häuschen befinden sich alternative Cafés und Kunstläden. Julia S. wirkt nachdenklich, als sie weiter zu

Protokoll gibt: »Leonie hat mal gemeint, dass sie jung sterben würde. Da habe ich sie aber nicht ernst genommen. Solche Sätze passten eben zu ihr und ihrer ein wenig melancholischen Art, die Welt zu sehen. Leonie hat oft tagelang überhaupt nichts gegessen. Sie war extrem blass, hatte oft bläuliche Schatten unter den Augen. Sie kleidete sich gern in dunklen Farben, trug meist schwarze Jeans, manchmal aber auch raffiniert geschnittene Kleider, die zu ihrer zarten Figur passten. Sie posierte gerne für künstlerische Fotos, meist waren die in Schwarz-Weiß. Das brachte ihren makellosen Teint zur Geltung. Sie war etwas Besonderes, und sie gefiel den Männern. Doch ihr Beziehungsleben war kompliziert, um es mal so auszudrücken. Da war Dave, ihr amerikanischer Freund. Ich habe ihn nie persönlich kennengelernt. Und dann gab es den Nils. Er stammt aus Schweden und studiert an der Musik-Hochschule in Wien. Ich habe ihn ein paarmal gesehen, ein sympathischer Typ. Mit Nils hatte sie eine Art On-Off-Beziehung: Eine Zeit lang waren sie zusammen, haben viel gemeinsam unternommen. Aber dann wurde ihr die traute Zweisamkeit plötzlich zu eng, und sie ging auf Distanz. Ich glaube, dass sie sich unverstanden gefühlt hat, vor allem von den Männern. Obwohl Leonie einen großen Freundeskreis hatte, war sie im Grunde ihres Wesens einsam.«

Die Beamten befragen Julia auch zu Leonies sexuellen Vorlieben. Sie antwortet ein wenig kryptisch: »Die offene Beziehung mit Nils hat in Leonie wohl das Interesse an Polyamorie erweckt. Seit einigen Monaten hatte sie zu mehreren Männern sexuelle Kontakte. Ich habe mir so meine Gedanken gemacht, und wir haben auch darüber gesprochen. Leonie konnte nur schwer Gefühle zulassen. Ich kann mir vorstellen, dass sie sich durch härteren Sex irgendwie bestrafen wollte.«

Nachdem Julia im Vorjahr ausgezogen war, blieben die beiden Mädchen über die sozialen Medien in losem Kontakt. Julia S.: »Ich habe mitbekommen, wie sehr ihr das mit den

Flüchtlingen nahegegangen ist. Sie wollte unbedingt helfen. Sie hat ehrenamtlich bei der Flüchtlingsbetreuung mitgearbeitet, sich um die Kinder gekümmert und Spenden gesammelt. So war sie eben, sozial engagiert und unendlich hilfsbereit. Sie hätte am liebsten der ganzen Welt geholfen! Leider war sie auch ein wenig naiv, mit der Mitleidsmasche konnte man sie leicht um den Finger wickeln. Am 22. Dezember hat sie Folgendes auf Facebook gepostet: ›*Gibt es hier jemanden, der Platz für einen Flüchtlingsfreund hat? Pascal aus Gambia, den ich vor zwei Dienstagen getroffen habe, wurde deportiert und ist wieder geheim nach Wien gekommen. Er versteckt sich in meinem Apartment. Die Polizei hat seine Greencard konfisziert und hat er nun keinen Ausweis ...*‹ Ich habe sie angerufen und sie hat mir über ihren neuesten ›Problemfall‹ berichtet. ›Er hat einen wahnsinnig gut gebauten Körper‹, erklärte sie mir so nebenbei. Ob sie mit ihm eine sexuelle Beziehung hatte, weiß ich freilich nicht. Wie ich erfuhr, lag ihr Problem darin, dass in wenigen Tagen, nämlich zu Weihnachten, Dave aus den USA auf Besuch kommen sollte. Offenbar wäre es diesem Dave nicht recht gewesen, einen Schwarzafrikaner mit ›wahnsinnig gut gebautem Körper‹ vorzufinden. Ich kann mir vorstellen, dass sie in einer verzwickten Lage war, es waren ja plötzlich drei Männer da: Nils, Pascal, und dann auch noch Dave. ›Oh Leonie, du bringst dich schon wieder in Schwierigkeiten‹, dachte ich bei mir, sagte aber nichts. Weil sie sich ohnehin nie etwas ausreden hätte lassen.«

* * *

»Ich habe Leonie vor drei Jahren in Schweden kennengelernt. Sie war damals als Urlauberin dort. Ich habe mich in sie verliebt, denn sie war ein ganz besonderer Mensch«, gibt Nils L. bei der Polizei zu Protokoll. Der groß gewachsene, vierundzwanzigjährige Musikstudent aus Schweden ist das, was man einen lässigen Typen nennt: Lange, blonde Haare, gepflegter Dreitagebart, besonnene Ausstrahlung. Er gehört wohl zu jenen Menschen, die Leonie am nächsten standen.«Leonie hatte eine interessante Art, die Welt zu sehen. Ich habe mit ihr stundenlang über Albert Camus oder Thomas Bernhard diskutiert, um dann spontan mit ihr Sex zu haben. Wegen Leonie bin ich nach Wien übersiedelt. Bald habe ich erkannt, dass sie viel Freiraum für sich braucht: ›Die Liebe ist ein Kind der Freiheit!‹ hat sie mir klar gemacht. Für mich war es am Anfang ganz schön schwierig, aber dann habe ich es akzeptiert ...« Die Vernehmung muss für fünf Minuten unterbrochen werden, Nils ist in Tränen ausgebrochen. Nach einer Viertelstunde setzt er fort: »Leonie hat mir gegenüber nichts verheimlicht. Sie hat mir Pascal, den Flüchtling aus Gambia, vorgestellt. Sie hat ihn in ihrer Wohnung untergebracht, weil er illegal hier war. Wegen ihm waren wir auch bei einer Menschenrechtsanwältin. Und ich wusste auch, dass sie einen Freund in den USA hatte. Dave war zu Weihnachten in Wien. Wegen ihm musste sie Pascal kurzfristig woanders unterbringen. Nach Daves Abreise ist er wieder eingezogen, er hatte ja keine andere Bleibe. Wissen Sie, ich war für Leonie mehr als ein Freund. Ich war ihr engster Vertrauter, zu dem sie immer gekommen ist, wenn sie jemanden gebraucht hat. Weil ich sie als das akzeptiert habe, das sie war: Als Kind der Freiheit.

In den letzten Wochen ist sie ganz in ihrer neuen Aufgabe als Flüchtlingshelferin aufgegangen. Sie hat Freundschaften zu den Flüchtlingen geschlossen, sie auch in ihre Wohnung mitgenommen. Sie hat mir auch diesen jungen Afghanen und seinen kleinen Bruder vorgestellt. Liebenswürdige, sympathische Jungs waren das. Als ich Leonie das letzte Mal gesehen habe, hat sie die Bemerkung fallen lassen: ›Ich glaube, ich habe einen Liebhaber!‹ Dabei hat sie ein wenig schelmisch gelächelt. Komischerweise verspürte ich dabei so etwas wie Erleichterung: ›Junge, du bist ja gar nicht mehr eifersüchtig!‹, habe ich mir selbst gratuliert.«

* * *

Mansour S. heißt er, der junge »Liebhaber« aus Afghanistan. Ein hübscher Teenager, die Gesichtszüge noch jungenhaft, er wird einmal ein attraktiver Mann werden. Er ist erst vor rund drei Monaten nach Österreich gekommen und wohnt in einer Wiener Flüchtlingsunterkunft. Mansour ist dort der Einzige, der sich ein bisschen auf Englisch verständigen kann, und so kam er mit der freiwilligen Flüchtlingshelferin Leonie ins Gespräch. Die beiden tauschten Telefonnummern und befreundeten sich über die sozialen Medien. »Wir haben einander ein oder zwei Wochen lang geschrieben, und dann hat sie mich auf einen Kaffee eingeladen«, erklärt Mansour bei seiner polizeilichen Einvernahme, während er immer wieder in Weinkrämpfe ausbricht. »Wir haben uns in einem Lokal getroffen. Ich hatte mein Heft und einen Kugelschreiber dabei, und sie hat mir gleich ein paar deutsche Worte beigebracht. Es stellte sich heraus, dass sie sich für meine Sprache, Farsi, interessiert. Also haben wir ausgemacht, dass ich ihr Farsi beibringen würde, während sie mit mir Deutsch lernt. Wir haben uns dann regelmäßig getroffen, in Kaffeehäusern oder Bars. Eines Abends hat sie mich in ihre Wohnung mitgenommen. Wir sind am Küchentisch gesessen und haben ein bisschen Wein getrunken. Da hat sie spontan meine Hand genommen, sie geküsst und damit ihre Wange gestreichelt. Ich war nervös, denn ich war noch nie zuvor mit einer Frau intim gewesen. Sie hat begonnen, mich sanft zu streicheln, und dann ging alles von selber … Mehr will ich darüber nicht sprechen, es ist unsere Privatsache. Es war alles gut zwischen Leonie und mir. Ich bin sehr betroffen über das, was geschehen ist.«

»Erzählen Sie uns über den Abend des 23. Jänner«, hakt der Polizist nach.

»Es war ein Samstagabend, und Leonie hat ein Abendessen in ihrer Wohnung organisiert«, setzt Mansour S. fort. »Ich war mit ein paar Freunden aus der Flüchtlingsunterkunft dort. Auch ein Mann aus Schwarzafrika war dabei. Er war sehr schlank und hatte sehr dunkle Haut. Er nannte sich Pascal und kam aus Gambia, wie er mir erklärte. Wir haben unsere Telefonnummern ausgetauscht. Auf der Party gab es auch Alkohol, wir alle haben getrunken. Gegen zehn Uhr abends sind die Jungs aus Afghanistan nach Hause aufgebrochen. Ein bisschen später, gegen ein Uhr morgens, ist dann der Afrikaner gegangen. Er wollte in eine Disco, wie er uns erklärt hat. Leonie und ich sind noch eine Zeitlang bei gemütlichem Kerzenlicht gesessen und uns dann auf die breite Matratze am Boden gelegt. Wir hatten Sex. Irgendwann bin ich eingeschlafen.

Nach ein paar Stunden habe ich gehört, wie jemand die Wohnungseingangstüre aufsperrt. Auf der Uhr meines Handys habe ich gesehen, dass es zirka vier Uhr morgens war. Pascal ist ins Zimmer gekommen. Ich habe mich gewundert, dass er einen Schlüssel hat. Er hat zu uns hinübergeschaut und gesehen, wie ich meinen Arm um Leonie geschlungen hatte. Sie hat zu diesem Zeitpunkt tief geschlafen. Pascal hat sich dann auf die Couch gelegt, die auf der anderen Seite des Zimmers steht. Er hatte aber offenbar Probleme damit, einzuschlafen, denn ich habe gehört, wie er sich ständig hin und her gewälzt hat. Er ist auch ein paarmal aufgestanden und herumgegangen. Das ging bis sieben Uhr früh so, dann bin ich eingeschlafen.

So gegen neun Uhr morgens bin ich aufgewacht, kurz danach war auch Leonie wach. Wir haben gefrühstückt, während Pascal auf der Couch geschlafen hat. Leonie hat mir dann erklärt, dass sie den ganzen Tag über lernen müsse und sie mich daher erst am Abend anrufen würde. Gegen elf Uhr vormittags habe ich die Wohnung verlassen. Pascal hat noch immer geschlafen. Ich habe dann einen österreichischen

Freund besucht. Er heißt Günther W. und gebe ich Ihnen seine Telefonnummer: 0676/(...). Danach gingen wir zu Frau L., die mit uns Deutsch gelernt hat, ich gebe Ihnen auch ihre Telefonnummer: 0664/(...)

Gegen Mittag habe ich erstmals versucht, Leonie anzurufen, aber sie hat nicht abgehoben. Kurz danach, nämlich um 12.46 Uhr, hat mein Handy geläutet: Es war Pascal. Ich habe abgehoben, mehrmals ›Hallo‹ in den Hörer gerufen, doch es hat sich niemand gemeldet. Dann habe ich nochmals versucht, Leonie anzurufen, aber sie hat wieder nicht abgehoben. Ich versuchte es mit Pascals Nummer, doch er hat ebenfalls nicht abgehoben. Wenige Minuten später kam ein erneuter Anruf von seinem Handy, und ich habe sofort abgehoben. Niemand hat sich gemeldet, doch ich konnte im Hintergrund ein tiefes Atmen hören. Ich vermute, dass es das Atmen von Leonie war. Dann wurde aufgelegt. Ich habe sofort wieder Pascals Nummer angewählt. Diesmal hat er abgehoben, sagte aber nur: ›Wrong number!‹ Dann hat er aufgelegt.

Bis zum Abend habe ich immer wieder versucht, Leonie zu erreichen. Ihr Handy war auch eingeschaltet, aber es hat niemand abgehoben. Zuletzt habe ich es um acht Uhr abends lange läuten lassen. Danach war ihr Telefon aus, es meldete sich sofort die Mobilbox.

Am Montag, den 25. Jänner um 11.03 Uhr hat mich Pascal angerufen. Da ich im Deutschkurs war, konnte ich nicht abheben. Ich habe ihn um 12.11 Uhr zurückgerufen: Er hat abgehoben, jedoch wieder nur gesagt: ›Wrong number!‹ Ich habe ihn dann den ganzen Tag über zu erreichen versucht, aber er hat nicht mehr abgehoben. Am Abend um 20.39 Uhr hat er mich dann angerufen und ›Mansour? Mansour?‹ in den Hörer geschrien. Dann hat er aufgelegt, um mich wenige Minuten später wieder anzurufen, diesmal brüllte er in den Hörer: ›Komm, komm!‹ Im Hintergrund war es sehr laut, sodass ich nicht verstehen konnte, wohin ich kommen sollte.

Seitdem habe ich Pascal nicht mehr erreicht.«

* * *

»Meine Frau und ich hatten am 20. Jänner das letzte Mal persönlichen Kontakt zu Leonie. Da ist sie zu uns nach Hause gekommen und hat auf Max aufgepasst«, gibt der Unternehmer Bernd H. bei der Polizei zu Protokoll. »Bei diesem letzten Treffen war ausgemacht, dass sie am Montag, den 25.1. gegen 15 Uhr Max vom Kindergarten abholen und auf ihn aufpassen soll. Ich habe an diesem Tag gegen 12 Uhr mittags versucht, sie telefonisch zu erreichen, um sie zu fragen, ob sie auch am Mittwochabend Zeit für Max hätte. Es meldete sich sofort die Mobilbox. Am Nachmittag hat mich meine Frau angerufen und mir mitgeteilt, dass sie von der Logopädin informiert worden wäre, dass Max und Leonie nicht zum vereinbarten Termin erschienen wären. Meine Frau hat dann im Kindergarten nachgefragt und erfahren, dass Max gar nicht abgeholt wurde. Daraufhin hat meine Frau erfolglos versucht, Leonie am Handy zu erreichen. Dieses für sie völlig untypische, unverlässliche Verhalten hat meine Frau sehr beunruhigt. Sie hat über Facebook Nils L. kontaktiert, der sich gerade in Dänemark aufhielt. Abends ist sie dann bei Leonies Wohnung vorbeigefahren. Es war alles finster.«

Am Morgen des 26. Jänner um 9.05 Uhr erstattet Bernd H. Abgängigkeitsanzeige.

* * *

Mansour S. gibt, fortgesetzt einvernommen, an: »Am Dienstag, den 26. Jänner hat mich Leonies Freund Nils angerufen. Er kam gerade aus Dänemark zurück und machte sich Sorgen, weil er Leonie nicht mehr erreichen konnte. Wir fuhren zu ihrer Wohnung, läuteten Sturm, doch niemand öffnete. Wir haben die Nachbarn befragt, doch die wussten auch nichts.

Dann haben wir die Lokale in der Umgebung abgesucht. Niemand wusste etwas über ihren Verbleib. Schlussendlich sind wir zur Polizei gegangen, um eine Vermisstenmeldung zu machen. Auf der Polizeiinspektion haben wir erfahren, dass der Unternehmer, für den Leonie arbeitet, schon eine Vermisstenmeldung gemacht hatte. Ich hatte das ungute Gefühl, dass dieser Pascal etwas mit Leonies Verschwinden zu tun haben könnte.«

* * *

Um 17.50 Uhr des 26. Jänner wird Leonies Wohnung von der Feuerwehr polizeilich geöffnet. Es ist stockdunkel. Die Beamten versuchen, Licht zu machen, doch abgesehen von der im Bad gibt es keine einzige Glühbirne in der Wohnung. Der Hausmeister hilft mit zwei Glühbirnen aus. Aus dem Anlassbericht des Wiener Landeskriminalamts: »In der Küche befinden sich mehrere heruntergebrannte Kerzen. Spuren eines Kampfes, wie verrückte Möbel udgl. konnten nicht festgestellt werden. In der gesamten Wohnung befinden sich an der Wand handgeschriebene Zettel in englischer Sprache. Der Inhalt der Postings ist unbekannt. Die Leiche der Leonie M. lag im Wohnzimmer, in Bauchlage auf einer Matratze am Boden. Der Kopf war mit einem umgestülpten Pullover und einem T-Shirt zugedeckt. Der Unterkörper der Leiche war nackt, der Oberkörper mit einem schwarzen T-Shirt und einem schwarzen BH bekleidet, an beiden Füßen befanden sich graue Socken. Neben dem rechten Fuß der Leiche lag die umgestülpte Jeanshose und, darin verwickelt, die Unterhose der Toten. Nach Entfernung des über dem Kopf befindlichen T-Shirts konnte bei der äußeren Besichtigung im Kopfbereich massiv gestocktes helles Blut, welches mit dem Kopfhaar verklebt war und sich auf der Matratze fortsetzte, festgestellt werden. Da die Leiche auf dem Gesicht lag, konnte die Ursache des massiven Blutverlustes ohne Lageveränderung nicht festgestellt werden. Da Fremdverschulden am Tod der M. Leonie nicht ausgeschlossen werden konnte und um ev. Spuren an der Leiche nicht zu vernichten, wurde die polizeiliche Kommission abgebrochen und die zentrale Tatortgruppe 3 verständigt. Diese kam zum Auffindungsort und übernahm die weitere Tatort/Spurensicherung.«

Wie sich bald herausstellt, fehlen auch einige von Leonies persönlichen Gegenständen: ihr Handy, ihr Mac-Book und ihre Geldbörse.

Die Staatsanwaltschaft ordnet die Obduktion an. Das gerichtsmedizinische Gutachten kommt zum Schluss, dass die 25-jährige Leonie M. »infolge Erstickens eines gewaltsamen Todes gestorben ist.« Auffallend: Die Tote weist keine Abwehrverletzungen auf ...

* * *

»Kriminalrätsel um den Tod der schönen Studentin!« Die Medien sind voller Berichte über das schockierende Verbrechen. Erste Bilder der Toten werden veröffentlicht. Sie zeigen ein Mädchen von eigenwilliger Schönheit. Rötlich schimmerndes Haar, blasses Gesicht, und vor allem: große, auffallend helle Augen. Auf einigen der Bilder blickt sie mit hochgezogenen Brauen provokant in die Kamera. Man spürt ihren Hang zur Selbstdarstellung, aber auch Selbstironie. Auf keinem der Bilder lächelt sie.

Aufgrund der Medienberichte melden sich viele von Leonies Freunden bei der Polizei, um sachdienliche Hinweise zu geben. Viele erinnern sich jetzt an Leonies Facebook-Posting, in dem sie nach einem Platz für den »Flüchtlingsfreund aus Gambia« suchte, und fragen sich jetzt, ob ihr Tod damit zu tun haben könnte. Wie sich herausstellt, hatte sie einen großen, sehr bunten Bekanntenkreis. Ein schwuler Künstler ist dabei, in seiner Atelierwohnung hatte Leonie die ersten Monate in Wien verbracht: »Könnte Pascal bei dir wohnen?«, hatte sie ihn im Dezember angebettelt. Es wurde nichts daraus, der schwule Freund hatte inzwischen einen Lebenspartner und keinen Platz mehr. Eine von Leonies Freundinnen lebt in Paris, auch sie erhielt eine SMS: »Ich suche dringend einen Platz für einen ›ami sans papiers‹[1] aus Gambia!« Andere von Leonies Freunden wissen jedoch zu berichten, dass Leonie offenbar zusehends Probleme mit ihrem »Flüchtlingsfreund« hatte: »Er kam aus einer anderen Kultur und gefiel ihm ihre freie Art zu leben nicht. Er kritisierte sie als ›ausschweifend‹ …«, gibt einer bei der Polizei zu Protokoll.

* * *

Pascal bleibt spurlos verschwunden. Was jedoch längst nicht bedeuten muss, dass er Leonies Mörder ist. Bei dem riesigen Freundeskreis der Amerikanerin kommen viele als Täter in Betracht. Die Männer und Burschen werden gefragt, ob sie mit der Abnahme eines Mundhöhlenabstrichs für eine DNA-Vergleichsuntersuchung einverstanden sind. Alle sind es. Auch jene Burschen, die von der Polizei besonders genau unter die Lupe genommen werden, weil sie am Abend des 23. Jänner zum Abendessen in Leonies Wohnung waren. Mansour wirkt extrem betroffen. Er scheint ernsthaft verliebt in Leonie gewesen zu sein. Sie war die erste Frau in seinem jungen Leben, mit der er eine sexuelle Beziehung hatte. Als dann irgendjemand über Facebook die Nachricht verbreitet, dass er »Leonies letzter Liebhaber« gewesen sei, werden wüste Drohungen und Beschimpfungen an seine Chronikseite gepostet: »Mörder!« Der verzweifelte Bursche zieht sich völlig zurück.

---

[1] französischer Ausdruck für: »Illegal hier lebender Freund«

* * *

Die Wiener Staatsanwaltschaft hat jedoch einen anderen Verdächtigen im Visier: Am 31. Jänner wird Haftbefehl gegen einen vierundzwanzigjährigen Asylwerber namens Abdou I. erlassen. Den Zeugen Nils L. und Mansour S. waren Lichtbilder vorgehalten worden. Beide haben den Asylwerber »mit hoher Wahrscheinlichkeit« als jenen »Pascal« identifiziert, den Leonie in ihrer Wohnung aufgenommen hatte. Nils L. betont allerdings, dass er dem freundlichen Afrikaner so eine Tat »niemals zutrauen« würde. Dass er abgetaucht ist, spricht nicht unbedingt für seine Täterschaft, immerhin war er illegal im Land. Verdächtig ist jedoch, dass das aus der Wohnung entwendete Mobiltelefon des Opfers einige Stunden lang in denselben Sendebereichen innerhalb Wiens eingeloggt gewesen war wie jenes von Abdou I. Am 24. Jänner um 15.54 Uhr war Leonies Handy schließlich abgeschaltet worden. Aus der Rufdatenauswertung des Mobiltelefons des Verdächtigen ergibt sich, dass er sich vermutlich ins Ausland abgesetzt hat. Abdou I. wird europaweit zur Fahndung ausgeschrieben.

Seine Flucht währt nicht lange: Am 4. Februar kann er in einem italienischen Flüchtlingsquartier ausfindig gemacht und verhaftet werden. Da er sich einer freiwilligen Auslieferung nach Österreich widersetzt, muss erst einmal ein kompliziertes Auslieferungsverfahren in die Wege geleitet werden. Allerdings stimmt Abdou I. einem Mundhöhlenabstrich zwecks Entnahme von DNA zu. Am 21. März ist das Verfahren abgeschlossen, er wird von den italienischen Behörden der österreichischen Justiz übergeben.

* * *

Ich habe nie herausgefunden, wer mir den anonymen Brief geschrieben hat: »Bitte helfen Sie dem Abdou I.! Er ist ein armer Asylant! Sie sind eine Anwältin mit Herz!« Mir ist klar:

Finanziell wird bei diesem Fall nichts herausspringen. Aber ich habe mich beileibe nicht des Geldes wegen dem Anwaltsberuf verschrieben. Der Fall interessiert mich: Vielleicht hat es wieder einmal einen Unschuldigen getroffen? Einen mittellosen Asylwerber, den man leicht etwas anhängen kann, weil er kein Geld für einen guten Verteidiger hat?

* * *

Zwei Tage später, im Halbgesperre der Justizanstalt. Er ist sehr dunkelhäutig und hat einen schlanken, feingliedrigen Körper. Die weite Jeanshose hängt lässig an seinen schmalen Hüften, auch das bunt bedruckte T-Shirt ist Größe X-Large. Seine Art, sich zu bewegen, ist überaus geschmeidig. Er erinnert mich an einen Panther in einem Käfig. Er lächelt mich an, es ist wohl aus Verlegenheit. Er spricht ein ganz passables Englisch, und nachdem ich mich vorgestellt habe, legt er los: Die Worte sprudeln nur so aus ihm heraus, er macht so gut wie keine Pausen zwischen den Sätzen, und ich habe Mühe, seinen wilden Gedankensprüngen zu folgen. Immer wieder starte ich den Versuch, ein paar Fragen zu stellen, doch er antwortet stets ausweichend, um dann weit auszuholen. Ab und zu gelingt es mir, ihn zu unterbrechen, um zum eigentlichen Thema zurückzukehren. So viel habe ich bei diesem ersten Haftbesuch aber herausgehört: Abdou I. fühlt sich völlig unschuldig. Er will zur Tatzeit nicht einmal in Österreich gewesen sein, die Polizei habe ihn doch schon im Dezember nach Italien abgeschoben! Leonie kenne er flüchtig, weil er ihr damals Drogen verkauft habe, und Sex mit ihr habe es nur ein einziges Mal gegeben – als Gegenleistung für die Drogen! Leonie, soviel habe er mitbekommen, habe viele Männer gehabt, die alle als Täter in Frage kämen! »Ich habe freiwillig den DNA-Test gemacht, denn ich weiß, dass ich es nicht war!«, erklärt er mit einer Bestimmtheit, die keinen Zweifel mehr zulässt.

Nach unserem Gespräch unterschreibt er die Vollmacht. In Blockbuchstaben: Sein Name ist das einzige Wort, das er schreiben kann.

* * *

Das Erste, was zu tun ist: den Akt bestellen. Er ist rechtzeitig fertig, am Freitag, damit ich ihn übers Wochenende studieren kann. Es ist ein dicker Wälzer, aber so spannend, dass ich schon am Samstag damit fertig bin. Auch das DNA-Gutachten ist dabei – mit einem eindeutigen Ergebnis: »Am übermittelten Spurenmaterial wurden Spermaspuren von Abdou I. in der Vagina, am Rücken und im After nachgewiesen. Das Spurenverteilungsmuster der Spuren von Vagina, Rücken, After und Schrittbereich der beiden Slips lässt den Rückschluss auf einen Geschlechtsverkehr von Leonie M. mit Mansour N. und einen späteren Geschlechtsverkehr von Leonie M. mit Abdou I. zu.«

Als ich Abdou I. am Montag mit dem Gutachten konfrontiere, verdunkelt sich seine Miene. Er bleibt dabei: »Das kann nicht sein! Das ist eine Lüge! Ich war nicht in Österreich ...«

* * *

»Wolof« heißt die Muttersprache meines Mandanten, sie wird im Senegal und in Gambia gesprochen. Es ist schwierig, in Wien einen Dolmetscher zu finden, der dieser Sprache mächtig ist. Schließlich finde ich eine junge Afrikanerin, die mich beim nächsten Haftbesuch begleitet. Insgeheim hoffe ich, dass mein Mandant sich ihr gegenüber öffnen wird. Vergeblich. Im Gegenteil, im Beisein dieser attraktiven Frau beharrt er umso hartnäckiger auf seiner Version, zur Tatzeit nicht in Österreich gewesen zu sein. Trotz des eindeutigen DNA-Treffers ...

Wenig später liegt die Mordanklage vor. Als Motiv führt die

Staatsanwältin »Eifersucht« an: ausgelöst dadurch, dass der Angeklagte Leonie M. in den Armen des jungen Afghanen vorgefunden habe.

* * *

»Ich war nicht in Wien, ich kann es nicht gewesen sein! Ich stamme aus Gambia, wir sind dort keine Terroristen!« Abdou I. rutscht unruhig auf dem Sessel hin und her, fuchtelt mit den Händen, redet wie ein Wasserfall. Er ist immer sehr aufgeregt, wenn er seine Unschuld beteuert. Nach einigen weiteren Haftbesuchen wird mir klar, dass ich mit ihm so nicht weiterkommen werde. Der DNA-Treffer ist eindeutig und wird nicht wegerklärt werden können. Doch das Motiv »Eifersucht« ist mehr als fragwürdig, und vor allem: Es ist für mich längst nicht erwiesen, dass Leonie S. vorsätzlich ermordet wurde – die Leiche wies überhaupt keine Abwehrverletzungen auf. Wurde die junge Frau in Wirklichkeit Opfer eines Sex-Unfalls? Viel mehr Hinweise als die kryptischen Angaben der Zeugin Julia S., wonach ihre Freundin Leonie sich durch härteren Sex möglicherweise bestrafen habe wollen, finde ich allerdings nicht im Akt.

* * *

Sex. Gerade bei diesem Thema fällt es mir sehr schwer, an meinen Mandanten heranzukommen. Er blockt. Schaut mir nicht in die Augen. Betont, niemals »harten« Sex praktiziert zu haben. Auch dann nicht, wenn eine Frau das ausdrücklich von ihm gewollt hätte. Unvermutet frage ich ihn, ob er denn gläubig sei – und habe offenbar so etwas wie einen »wunden Punkt« getroffen: Er richtet sich ruckartig auf und stößt ein kurzes Gebet in arabischer Sprache aus. Er ist also Moslem. Und hat offenbar große Probleme damit, sich dem Thema Sexualität unbefangen zu nähern.

Doch ich gebe nicht auf, sondern konsultiere einen Psychotherapeuten, der mich bei den folgenden Haftbesuchen begleitet. Ich lasse die beiden auch mal alleine. Abdou I. wird zusehends ruhiger. Geht er langsam in sich? Nachdem ich ihm vor Augen geführt habe, was ihm blühen könnte: eine lebenslange Haftstrafe für einen Mord, der womöglich keiner war?

* * *

Der Psychotherapeut ist heute noch davon überzeugt: Nach monatelanger Therapie in einem geschützten Rahmen wäre es ihm gelungen, meinen Mandanten zu knacken. Doch die Untersuchungshaft in einer österreichischen Justizanstalt ist kein geeigneter Ort für ein derart schwieriges psychotherapeutisches Unterfangen. Obwohl es ein paarmal den Anschein hat, dass Abdou I. dem Therapeuten etwas anvertrauen will, schreckt er im letzten Augenblick davor zurück. Um fast schon gebetsmühlenartig zu beteuern, dass er zur Tatzeit gar nicht in Wien gewesen sei. Ein Sex-Unfall oder dergleichen, damit kann er schon gar nichts anfangen: »Ich habe nur normalen Sex mit einer Frau, ich bin ganz soft ...«

Seine Unschuldsbeteuerungen wirken so überzeugend, dass mir klar wird: Er ist wohl selbst davon überzeugt. Der Psychotherapeut kommt schließlich zum selben Ergebnis: Sollte Abdou I. tatsächlich etwas mit der Tat zu tun haben, dann hat er das so gründlich in sein Unbewusstes verdrängt, dass er sich an nichts mehr erinnern kann.

* * *

Im Frühjahr, rund ein halbes Jahr nach der Tat, findet die Hauptverhandlung vor einem Wiener Geschworenengericht statt.

Ich darf meinem Mandanten nicht in den Rücken fallen. Ich versuche daher, Widersprüche im DNA-Gutachten aufzuzeigen, konfrontiere die Gutachterin mit ausgefeilten Fragen. Es nützt nichts. Im Gegenteil, je länger ich sie befrage, desto sicherer werden ihre gutachterlichen Schlussfolgerungen: 1 zu 8 Milliarden sei die Wahrscheinlichkeit der Übereinstimmung. »Haben Sie einen eineiigen Zwilling?«, fragt sie den Angeklagten. Der verneint.

Die Art meines Mandanten, den an ihn gestellten Fragen auszuweichen, nervt den Richter. »Kommen Sie mal her!«, winkt er ihn zum Richtertisch. »Kennen Sie diese Frau?« Abdou I. sieht erstmals Farbfotos des ermordeten Mädchens. Er verneint. »Auf diesen Bildern sieht sie halt nicht mehr so schön aus …«, bemerkt der Richter mit galliger Miene. Abdou I. sieht ihn verständnislos an. Der Richter zeigt ihm ein kleines Tattoo am Oberschenkel der Toten, der Angeklagte will es nicht erkennen: »Es war immer dunkel, wenn wir Sex hatten …« Der Richter klappt verärgert die Tatortmappe zu.

Und dann tischt mein Mandant dem Gericht auch noch überraschend drei Zeugen auf, die bestätigen könnten, dass er zur Tatzeit nicht in Wien gewesen sei. Freilich kennt er weder deren Adressen noch die vollen Namen. Nachdem Abdou I. über Befragen des Richters schließlich einräumen muss, im Grunde gar nicht zu wissen, wo er sich Ende Jänner tatsächlich aufgehalten habe – jedenfalls nicht in Wien, da sei er sich aber schon sicher –, weist das Gericht den Beweisantrag kurzerhand ab.

* * *

Da mir von vornherein klar war, dass die abstrusen Unschuldsbeteuerungen meines Mandanten nichts bringen werden, habe ich mir freilich eine Ersatz-Strategie überlegt: Erstens sei fraglich, so meine Argumentation im Gerichtssaal, dass hier überhaupt ein Mord geschehen ist. Alles deute vielmehr auf einen Unfall bei einem einvernehmlichen Geschlechtsverkehr hin: Leonie M. wurde nicht zu Boden gestoßen, sie hat sich offenbar nicht gewehrt. Der Gerichtsmediziner bestätigt dies zwar, führt es aber auf ein mögliches Überraschungsmoment zurück – wenngleich er eingestehen muss, dass sich die Situation im Fall eines Sex-Unfalls nicht anders dargestellt hätte. Ich erkläre den Geschworenen die sehr spezielle, aus der SM-Szene stammende sexuelle Spielart der »Atemkontrolle«: Dabei werden die Atmungsorgane über eigenen Wunsch vom Sexualpartner verschlossen, wodurch ein unwillkürlicher Orgasmus ausgelöst wird. Ein sehr gefährliches Spiel, bei dem man sich unbedingt ein sogenanntes »Safe-Wort« ausmachen muss. Trotzdem geschehen immer wieder Unfälle. Auch hier? Leonie M. war sexuell sehr aufgeschlossen, stand der Aussage ihrer Freundin Julia S. zufolge auf »härteren Sex« ...

»Na, dann müsste der Reinhold Messner bei jedem Aufstieg multiple Orgasmen haben ...« Die launische Bemerkung des Richters löst Gelächter bei den Geschworenen aus. Der Wille, sich mit anderen Versionen des Tatherganges als der angeklagten zu befassen, scheint endend wollend.

Schließlich beantrage ich die psychiatrische Begutachtung meines Mandanten: Für den Fall, dass das Gericht ihm seine Version – erwartungsgemäß – nicht glauben sollte, möchte ich wenigstens veranschaulichen, dass er keine Lügen erzählt, sondern die Wahrheit. Seine Wahrheit nämlich. Weil er die Geschehnisse jener Nacht tief in sein Unbewusstes verdrängt hat.

Meine Bemühungen sind vergeblich, das Gericht hat genug von Abdou I. und seinen Geschichten. Es weist meinen Antrag als irrelevant ab: Ob der Angeklagte bewusst lüge oder doch verdränge, sei für die Tatfrage nicht relevant.

* * *

Fürs Schlussplädoyer hat sich die Staatsanwältin etwas einfallen lassen, das in Mordprozessen zwar nicht ganz neu ist, aber immer wirkt: Sie stellt den Zeitmesser ihrer Armbanduhr ein. Absolute Stille im Saal. Nach zwei quälenden Minuten ertönt das erlösende Piepsen, und die Anklägerin erklärt den Geschworenen: »So lange hat Leonies Todeskampf gedauert!«

* * *

Die Beratung der Geschworenen dauert nur eine knappe Stunde, und ihr »Wahrspruch« fällt einstimmig aus: Schuldig im Sinne der Anklage. Abdou I. wird zu einer lebenslangen Freiheitsstrafe verurteilt. Ich bin nicht überrascht, sah es vielmehr kommen, bei einem derart beratungsresistenten Mandanten. Mein erster Gedanke: Schade um die vertane Chance auf ein mildes Urteil, jetzt hat er die Rechnung bekommen.

Nach der Urteilsverkündung ziehe ich mich mit meinem Mandanten und dem Dolmetscher kurz in einen Nebenraum zurück, um ihm alles zu erklären. Abdou I. blickt starr ins Leere. Ich habe nicht den Eindruck, dass das, was ich ihm sage, bei ihm ankommt.

Ich melde Rechtsmittel gegen das Urteil an.

Als ich meinen Mandanten am nächsten Vormittag besuchen will, erfahre ich: Er befindet sich in einem psychiatrischen Krankenhaus. Nach einem Selbstmordversuch habe er wild zu toben begonnen und den Fernseher zertrümmert.

* * *

War es Mord, oder war es doch ein Sex-Unfall? Das wird wohl niemals geklärt werden. Nur in einem bin ich mir ziemlich sicher: dass Abdou I. für den Rest seiner Tage an seine Unschuld glauben wird.

Hoffnungslos romantisch

Ein idyllisches Tal in den Kärntner Alpen. Dichte Wälder, saftig-grüne Wiesen, pure Landluft.

Franz ist hier geboren und aufgewachsen, als jüngstes von fünf Kindern. Das Häuschen stand am Rande der kleinen Ortschaft und war viel zu klein für die große Familie. Der Vater war Hilfsarbeiter, die Mutter ging putzen. Der kleine Franz war ein hübscher blonder Bub, doch »sowas von verstockt«, wie seine Mutter schimpfte. Niemand kam auf die Idee, dass er hochsensibel war und mehr Zuwendung gebraucht hätte. Dafür war keine Zeit. Als Franz eingeschult wurde, kam er im Unterricht nicht mit. Ab der dritten Klasse steckte man ihn in die Sonderschule. Niemand kam auf die Idee, dass er nicht dumm war, sondern unter Legasthenie litt.

Trotzdem schaffte er es, erlernte den Beruf des Tischlers, fand eine gut bezahlte Arbeitsstelle am Bau.

* * *

Mit zwanzig ist aus dem Blondschopf ein fescher Kerl geworden: jungenhaftes Gesicht, nicht besonders groß, aber gut gebaut und muskulös. Ein ruhiger, in sich gekehrter Typ, kein Mann der großen Worte. Ein fleißiger Arbeiter, der es zu etwas bringen kann. Die Frauen mögen ihn, er könnte an jedem Finger eine haben. Doch Franz will keine flüchtigen Abenteuer. Er ist hoffnungslos romantisch, hört Schlagermusik, glaubt an die große Liebe.

Er ist Mitte zwanzig, als er sie in Gerda findet. Ausgerechnet Gerda: zerrüttetes Elternhaus, Heimkind, Schulabbrecherin und neun Jahre jünger als er. Sie kennen sich gerade mal zwei Monate, als sie ihm eröffnet: »Ich bin schwanger!« Es wird ein Bub. Nur ein Jahr später folgt ein kleiner Bruder, zwischendurch wird geheiratet. Als geschickter Handwerker will Franz seiner jungen Familie Besseres bieten als die kleine Wohnung. Er kauft einen Baugrund auf Kredit und beginnt mit dem Hausbau. Als das schmucke Einfamilienhaus fertig ist, sind seine Kinder drei und vier Jahre alt, und in der Ehe hat es zu kriseln begonnen. Gerda bereut es plötzlich, sich so jung schon gebunden zu haben, fühlt sich überfordert mit ihrer Mutterrolle. Franz spürt: Sie zweifelt daran, sich für »den Richtigen« entschieden zu haben. Er kämpft um sie, denn für ihn ist sie immer noch die Liebe seines Lebens.

Dann wird ein drittes Kind geboren, ein Mädchen. Der Vater ist – nicht Franz. Er verzeiht seiner Frau, nimmt die Kleine an, als ob sie sein eigenes Kind wäre.

Ein Jahr später ist er geschieden. Und vorbestraft wegen gefährlicher Drohung, Körperverletzung – und Vergewaltigung zum Nachteil seiner Frau: »Er hat mich aufs Bett geworfen und angekündigt, sich jetzt das zu holen, was ihm zustehe ...«, hatte diese zu Protokoll gegeben.

Als Milderungsgrund führt das Gericht an, dass die Tat in »auffallendem Widerspruch zum bisherigen ordentlichen Lebenswandel des Angeklagten« stünde. Die Kinder bleiben bei der Mutter, er kämpft vergeblich um sein Kontaktrecht als Vater. Nach einem Besuch des Jugendamtes, das »untragbare Verhältnisse« und eine »völlige Überforderung der Mutter« festgestellt hat, verliert auch die Ex-Frau das Sorgerecht. Die Kinder werden auf Pflegeplätzen untergebracht.

* * *

Es ist eines der größten Bauprojekte Wiens: der neue Hauptbahnhof, mit dem ein ganzer Stadtteil neu entsteht. Da kann man tüchtige Arbeiter wie Franz gut gebrauchen. Der inzwischen Neununddreißigjährige heuert bei einer Baufirma an. Als Schalungszimmerer arbeitet er hart und verdient gutes Geld. Er mietet eine Ein-Zimmer-Wohnung im vierzehnten Bezirk an. Es ist eher eine Absteige, ohne Komfort, Einbaudusche und Abwasch im Vorraum, Klo am Gang. Es stört ihn nicht, denn er fährt ohnehin jedes Wochenende hinunter nach Kärnten. Dort hat er immer noch das Haus, das er in Schuss halten muss, seine Freunde und seine alte Mutter. Der Vater ist vor ein paar Jahren gestorben.

Eine neue Beziehung? Daran will Franz derzeit nicht denken. Die Enttäuschung sitzt noch zu tief. Erst einmal Geld ansparen und den Haus-Kredit abbezahlen, dann wird man weitersehen.

* * *

Und doch gibt es sie. Die Abende, an denen er sich einsam fühlt. Wenn die anderen daheim bei ihren Familien sind, wo Frau und Kinder auf sie warten. In seiner kleinen Arbeitswohnung wartet niemand auf ihn. Er hat keinen Grund, nach Hause zu gehen, und so verbringt er die Abende unter der Woche fast immer in dem kleinen Weinlokal unweit seiner Wohnung. Isst dort ein Gulasch oder Würstel mit Saft, trinkt ein Bier dazu, mehr nicht. Denn Franz achtet auf sich und seinen Körper, er raucht nicht und trinkt nur mäßig Alkohol.

Die Aushilfskellnerin Dragica ist drall, geschätzte Mitte fünfzig, und stammt aus Serbien. Sie lebt schon seit rund zwanzig Jahren in Wien und ist mit einem Österreicher verheiratet. Ihren starken Akzent hat sie sich trotzdem erhalten. »Du bist fescher Mann, warum immer alleine?«, fragt sie ihn eines Abends. Wortkarg, wie er ist, druckst Franz herum, er habe nun mal genug von den Frauen, weil die doch »alle gleich« seien. Das will Dragica nicht gelten lassen: »Ich habe gute Frau für dich!« Franz lacht, er nimmt sie nicht ernst. Sie kramt ein Foto aus ihrer Tasche. Es zeigt ein Mädchen mit vollen, sinnlichen Lippen und großen, dunklen Augen, die an schwarze Kirschen erinnern. »Das ist Enkeltochter von mir. Sie heißt Liljana«, erklärt Dragica.

* * *

Liljana ist einundzwanzig, hat eine kurvige Figur und hüftlange, pechschwarze Haare. Sie ist ganz anders als die Frauen, die Franz bisher gekannt hat. Sie ist heißblütig, wild, exotisch. Eine Frau, bei der er sich als ganzer Mann fühlt. Eine Frau, die ihn fordert und herausfordert. Er hat sich fast dagegen gewehrt, sich in sie zu verlieben, schon wegen des großen Altersunterschiedes. Vergeblich, nur drei Monate nach der ersten Begegnung wird geheiratet. Ganz nach serbischer Tradition: mit großem Pomp, vielen Gästen und üppigen Brautgeschenken. Er trägt die Braut über die Türschwelle, wie sich das gehört, ihre Verwandtschaft applaudiert. Sie zieht in seine Einzimmerwohnung, Franz hat sie inzwischen ordentlich eingerichtet. Mit dem Doppelbett, dem Einbaukasten und der Sitzecke wirkt jetzt alles ziemlich beengt.
Wenig später hat Liljana ihren Aufenthaltstitel.

* * *

Bald will sie ein Kind. Und trifft bei ihm auf einen wunden Punkt: »Liljana, ich will kein Kind mehr ...« Er will es nicht noch mal erleben, dass er durch eine Trennung auch das Kind verliert. Sie überredet ihn: »Aber ich bin doch ganz anders als deine Ex!« Für ihn ist es wieder ein Beweis, dass sie ihn wirklich liebt.
Die kleine Angela ist ein Abbild ihrer Mutter: dunkler Teint, große Augen, die an schwarze Kirschen erinnern. Liljana geht ganz in ihrer Mutterrolle auf, übertreibt damit sogar: Sie sieht es gar nicht gern, wenn Franz sich auch mal um das Baby

kümmern will, ja sogar die Hilfe der Oma wird abgelehnt. Aber Liljana ist glücklich. Es ist eine schöne Zeit. Die junge Familie hat ein gutes Auskommen. Franz arbeitet immer noch auf der Baustelle am Südbahnhof und verdient hervorragend. An manchen Wochenenden nimmt er seine junge Frau und das Baby in seine Heimat mit und zeigt ihr stolz sein Haus. Doch Liljana gefällt es nicht: »Hier ist es langweilig, ich bin lieber in der großen Stadt, in Wien!«, erklärt sie ihm. Franz sieht plötzlich keinen Sinn mehr darin, die Kreditraten für das Haus weiterzuzahlen. Er hört einfach auf damit.

Knapp ein Jahr nach Angelas Geburt wird ihre Schwester Rosa geboren. Sie gerät ganz nach ihrem Papa: blonder Haarflaum, helle Haut, blaue Augen. War Liljana in Angela noch völlig vernarrt gewesen, so scheint sie ihr zweites Kind regelrecht abzulehnen. Sie wirft Franz das Babyfläschchen zu: »Die hier ist deine Tochter, kümmere du dich um sie!« Liegt es nur daran, dass die kleine Rosa ihr überhaupt nicht ähnlich sieht?

Nein, es ist etwas anderes. Mit der Zeit muss Franz sich eingestehen, dass Liljana sich verändert hat. Wenn er nach Hause kommt, trifft er meist nur auf Oma Dragica, die die Kinder beaufsichtigt. Liljana ist ausgegangen, ohne zu sagen, wohin. Sie ist der Meinung, keine Rechenschaft darüber ablegen zu müssen. Jeden Abend macht sie sich schön, um ihr junges, unbekümmertes Leben zu genießen: »Es geht dich nichts an, mit wem ich ausgehe!« Auch die Oma ist empört über das Benehmen ihrer Enkelin, immerhin hat sie diese Ehe eingefädelt. Noch schlimmer ist, dass Liljana das Kindergeld verprasst, mit Ausgehen, Kleidung und im Wettbüro. Schon Mitte des Monats ist sie so pleite, dass sie Franz um Taschengeld und Zigaretten anschnorren muss. Dann reißt sie sich zusammen, ist wieder ein bisschen verträglicher, und er schöpft Hoffnung, dass sie vielleicht doch noch zur Vernunft kommen wird. Noch eine Scheidung, und wieder vergeblich um seine Kinder kämpfen zu müssen, das würde er nicht verkraften.

Die ohnedies schon sehr angespannte Situation verschlechtert sich drastisch, als eine weitere Hiobsbotschaft über Franz hereinbricht: Da er die Kreditraten für sein Haus in Kärnten nicht bezahlt hat, hat die Bank eine Gehaltsexekution und ein Zwangsversteigerungsverfahren eingeleitet. Auch das Auto wird eingezogen. Franz ist mit den Nerven am Ende. Er zerstreitet sich mit dem Bauleiter und wird gekündigt. Jetzt ist er auch tagsüber daheim, und Liljana geht noch öfter alleine aus. Ihm kommt die Aufgabe zu, sich um die Kinder zu kümmern, zu kochen, das Fläschchen zuzubereiten und in der Nacht aufzustehen, um eines der weinenden Babys zu beruhigen. In der Früh ist es nicht anders, denn da will Liljana ausschlafen. Oma Dragica kommt fast jeden Tag vorbei, um auszuhelfen, aber so hat Franz sich ein Familienleben nicht vorgestellt. Wie es seine Art ist, frisst er seinen Ärger in sich hinein – bis zu dem Moment, in dem sich die ganze angestaute Wut auf einmal entlädt. Dann wird es in der Wohnung so laut, dass es auch die Nachbarn hören, und es können schon mal Gegenstände durch die Wohnung fliegen. Niemals aber, so wird er später schwören, habe er die Hand gegen seine Frau erhoben.

Fast hat es den Anschein, dass es Liljana ein bisschen Spaß bereitet, seine fast schon schwerfällige Gutmütigkeit herauszufordern. Wenn sie ausgeht, zieht sie aufreizende Kleidung an, und wenn er sie dann misstrauisch anstarrt, lächelt sie spöttisch. Franz ist in diesen Momenten sicher, dass sie längst einen anderen hat. Liljana gießt Öl ins Feuer, deutet an, dass es da einen gäbe, der sie »auf Händen tragen« würde, ein wohlhabender Unternehmer sei das. »Dann geh doch zu ihm!«, schnauzt er sie an. Ihre Antwort: »Ich bleibe wegen der Kinder!« – »Aber nein, sondern weil du einen Dodel[2] brauchst«, denkt sich Franz und schluckt seinen Ärger wie immer hinunter. Er fühlt sich an seine erste Ehe erinnert und

---

[2] Austriazismus für ›nützlicher Idiot‹

hat Angst, dass er sich eines Tages vergessen könnte. Bei einem heftigen Streit kommt es so weit, dass er drohend aufspringt. Liljana erschrickt und läuft schreiend aus der Wohnung, verständigt im Stiegenhaus die Polizei. Franz wird für zwei Wochen aus der Wohnung gewiesen.

Beide wissen inzwischen, dass die Ehe am Ende ist. Weil er den Streitigkeiten ausweichen will, fährt Franz immer wieder nach Kärnten, um bei einem Freund zu übernachten. Mit ihm kann er sich aussprechen, er hat auch eine schwierige Scheidung hinter sich. Auch Oma Dragica und deren Ehemann, ein österreichischer Pensionist, verurteilen das Verhalten Liljanas. Eine Mutter sollte sich doch um ihre Kinder kümmern, anstatt nachts wie eine »Hure« herumzulaufen, meinen sie. Für die Oma ist Liljana undankbar, sie hat ihrem Mann doch den österreichischen Aufenthaltstitel zu verdanken. Dass ihre Enkelin zu unreif für eine Ehe und zweifache Mutterschaft sein könnte, kommt ihr nicht in den Sinn.

***

Ein paar Monate nach der Wegweisung kommt es zu einer neuerlichen Eskalation: Franz beteuert, seine Frau nicht angerührt zu haben. Doch die Behörden glauben Liljana, die behauptet, von ihm brutal gegen die Duschwand gestoßen worden zu sein.

Liljana nimmt den Vorfall zum Anlass, um die Scheidungsklage einzubringen: »Mein Mann hat mich geschlagen!«, gibt sie vor Gericht zu Protokoll. Franz erhält die Klagschrift. Die vermeintlichen Lügen seiner Frau verletzen ihn, doch er ist auch froh, dass es bald vorbei sein wird. Nur wegen Angela und Rosa macht er sich Sorgen. Er will sie nicht verlieren, wie seine Kinder aus erster Ehe. Wenngleich er inzwischen daran zweifelt, ob die ältere Tochter überhaupt von ihm ist, denn sie hat so gar keine Ähnlichkeit mit ihm.

Doch dann zieht Liljana die Scheidungsklage überraschend

zurück. Als er nach dem Grund fragt, erklärt sie ihm schnippisch: »Es ist zu früh!« Er kann damit nichts anfangen, fragt seinen Freund in Kärnten, und der sagt ihm: »Es geht ihr um den Aufenthalt! Und außerdem will sie Unterhalt! Den bekommt man, sobald man drei Jahre verheiratet ist ...«

Also von da her weht der Wind. Jetzt will sie ihn auch noch auf Unterhalt klagen! Franz weiß nicht, dass die »Rechtsauskunft« seines Freundes falsch ist: Ein Unterhaltsanspruch entsteht nicht automatisch durch Zeitablauf. Ob Unterhalt zusteht, hängt nach österreichischem Recht davon ab, ob man der Gegenseite Eheverfehlungen nachweisen kann, und das kann nur in einem oft langwierigen Scheidungsverfahren geklärt werden.

Oder hat Liljana die Klage zurückgezogen, weil sie ihn immer noch liebt und mit ihm zusammenbleiben will? Manchmal hat es den Anschein: Es ist wieder so ein typischer Streit aus nichtigem Anlass, und er will die Wohnung verlassen, um wieder einmal bei ihren Großeltern zu übernachten. Doch sie hält ihn zurück: »Bleib da, ich werde nicht mehr streiten!« Er lässt sich erweichen. In dieser Nacht verführt sie ihn, sie haben seit langer Zeit wieder Sex. Am nächsten Morgen ist Franz entspannt wie schon lange nicht mehr. Vielleicht renkt sich doch alles wieder ein, vielleicht hat ihre Ehe eine Zukunft, vielleicht liebt sie ihn immer noch? Nach dem Frühstück gehen sie mit den Kindern gemeinsam in den Park. Dort eröffnet ihm Liljana, dass sie Geld braucht, um nach Serbien zu fahren. Er borgt es ihr. Sie verspricht, es von der Familienbeihilfe und dem Kindergeld zurückzuzahlen. Nachdem sie wieder zurück in Wien ist und das Geld vom Amt erhalten hat, verprasst sie es mit Kleidung und im Wettbüro.

Längst hat ist sie in ihre alten Gewohnheiten zurückgefallen. Geht jeden Abend aus, schiebt die Kinder auf ihn und die Oma ab, schläft bis in den späten Vormittag hinein.

* * *

Ein Montagvormittag im Dezember. Sie haben letzte Nacht wieder gestritten, es ging wie so oft ums Geld. Obwohl es erst Mitte des Monats ist, sind Familienbeihilfe und Kindergeld längst aufgebraucht. Weihnachtsgeschenke für die Kinder sind heuer nicht drin, denn Franz muss mit dem knappen Geld vom Arbeitsamt die Miete bezahlen. Er ist so wütend, dass er seine Reisetasche packt und seinen Freund in Kärnten anruft: »Bitte, hol mich ab, ich halte es hier nicht aus, ich brauche eine Auszeit!« Doch der Freund hat keine Zeit und vertröstet ihn auf das Wochenende.

* * *

Ein Donnerstag im Dezember, kurz vor zweiundzwanzig Uhr. Die Kinder schlafen in ihren Bettchen. Die Oma ist soeben eingetroffen, um in der Wohnung zu übernachten. Sie hat ein paar Geschenke für die Kinder mitgebracht, die sie im Kasten verstaut. In wenigen Tagen ist Weihnachten, und die Kleinen können nichts dafür, wenn ihre Eltern mit dem Geld nicht haushalten können. Die Stimmung ist so mies, dass Franz beschließt, wieder einmal in der Wohnung der Schwiegereltern zu übernachten. Doch dann zieht Liljana ihn zu sich aufs Bett: »Bleib da. Es ist bald Weihnachten, lassen wir das Streiten …« Nachdem er sich ausgezogen und hingelegt hat, steht sie auf und macht sich fürs Ausgehen zurecht. Aufreizender Minirock, enge rote Bluse, hochhackige Schuhe …

Franz schluckt seine Enttäuschung wie immer hinunter. Als Liljana das Zimmer verlässt, stellt er sich schlafend. Im Vorraum küsst Oma Dragica ihre Enkelin auf die Stirn und flüstert: »Bleib bitte nicht so lange aus!«

Es ist irgendwann in der Nacht, als jemand das Wohnungsschloss aufsperrt. Die Leuchtziffern seiner Armbanduhr zeigen Viertel vor eins. Schon wieder ist sie solange ausgeblieben. Er hört, wie sie und Oma Dragica in ihrer Muttersprache tuscheln. Inzwischen versteht er ein paar Brocken

Serbisch. »Zwei Monate muss ich noch durchdrücken«, flüstert Liljana. Und: »Dann sind die drei Jahre um« und »Unterhalt zahlen«. Ihm wird klar, dass sie ihren Plan immer noch verfolgt.

* * *

Als er gegen acht Uhr morgens aufwacht, ist die Oma schon weg. Liljana sitzt ihm gegenüber am Tisch und raucht eine Zigarette bei einer Tasse Kaffee. Die Kinder schlafen noch. Er steht auf, bis auf seine Boxershorts ist er nackt. Er spürt ihren verächtlichen Blick. Sie soll wissen, dass er nicht so blöd ist wie sie glaubt: »Ich habe euch heute Nacht reden gehört und es verstanden!« Da fährt sie ihn an: »Die zwei Monate halte ich schon noch durch. Ich war beim Anwalt. Du wirst bluten!« Franz geht wortlos an ihr vorbei. Im Vorraum zieht er seine Shorts aus und steigt in die Einbaudusche. Als er ins Zimmer zurückkommt, ist Liljana gerade dabei, das Bett zu machen. Ihre schwarzen Augen funkeln ihn zornig an. Er bleibt ruhig, öffnet wortlos den Kleiderkasten, holt seine Jeanshose heraus und zieht sie an. Sein Schweigen provoziert sie, sie wird lauter. »Du wirst bluten! Und vergiss deine Kinder!« Ihr kleiner, dunkelrot geschminkter Mund bewegt sich unablässig, stößt gemeine, beleidigende, drohende Worte aus. Diese Lippen, einstmals erschienen sie ihm voll und sinnlich, wann hat er sie das letzte Mal geküsst? Jetzt küssen sie einen anderen, das wird ihm in diesem Augenblick bewusst wie nie zuvor. »Du wirst bluten ...«

Genug. Gleich werden die Kinder aufwachen. Mit einem Satz packt er sie an den Schultern, stößt sie brutal aufs Bett, wo sie rücklings zu liegen kommt, schwingt sich auf ihre Hüfte und hält ihr den Mund zu. Sie versucht zu schreien, doch aus ihrer Kehle dringen nur dumpfe Laute. Sie windet sich unter dem Griff seiner kräftigen Arme, versucht sich loszureißen, beißt, kratzt, strampelt mit den Beinen. Es nützt ihr nichts, Franz bleibt über sie gebeugt, den rechten Ellenbogen hart auf ihrem Brustkorb gestützt, die linke Hand fest auf ihren Mund gepresst.

Ihre Augen. Von schwarzem Kajal umrandet, die Pupillen riesig und schwarz, der Blick ein einziges Flehen. Er kann ihn nicht ertragen, wendet sich ab, ohne den gnadenlosen Druck auf ihr Gesicht zu lockern. Minuten vergehen. Er spürt, wie ihre Gegenwehr langsam nachlässt, und dann ist sie auf einmal ganz still. Er sieht sie wieder an. Ihre Augen sind jetzt ganz starr. Sie scheinen ins Leere zu blicken.

Erst jetzt richtet er sich auf und nimmt seine Hand von ihrem Gesicht. Sie liegt regungslos da. Er beginnt, ihre Wangen zu tätscheln, erst vorsichtig, dann immer heftiger, schließlich schüttelt er sie, damit sie endlich aufwacht. Doch jedes Leben scheint aus ihrem Körper gewichen zu sein. Ihre schlaffen Glieder sind von einer seltsamen Schwere.

Plötzlich beginnt die kleine Rosa zu wimmern. Er nimmt das Baby behutsam aus dem Bettchen, wiegt es sanft, beruhigt es mit Koseworten. Nachdem es wieder eingeschlafen ist, legt er es wieder neben seine Schwester.

Dann nimmt er sein Handy und wählt die Nummer seiner Mutter: »Mama, ich habe die Liljana umgebracht. Heute hören wir uns zum letzten Mal ...« Die Sechsundsiebzigjährige ist verzweifelt und hilflos, versucht ihren Sohn zur Vernunft zu bringen, doch der legt auf. Dann ruft er seinen Freund in Kärnten an. Denjenigen, der ihm immer geholfen hat, wenn er eine »Auszeit« von seiner Ehehölle brauchte: »Ich hab meine Alte derwürgt[3], jetzt ist alles aus, vergiss mich.« Der Freund sagt nur: »Scheiße, dass ich am Montag keine Zeit gehabt habe, um dich abzuholen!« Zuletzt ruft Franz Oma Dragica an: »Es ist etwas mit Liljana, komm ...«

---

[3] Dialekt für »erwürgt«

***

»Liljana! Liljana!« Die gellenden Schreie der Oma haben die Kinder geweckt, sie weinen laut. Dragica fährt ihn an: »Was hast du mit ihr gemacht? Verschwinde, hinaus mit dir!« Er geht hinunter auf die Straße. Der Notarztwagen ist soeben eingetroffen, die Sanitäter springen heraus. Franz begleitet sie hinauf bis zur Wohnungstüre. Drinnen hört er Oma Dragica laut schreien. Er wagt es nicht, die Wohnung zu betreten und geht stattdessen ins Dachgeschoss des Wohnhauses. Dort beobachtet er aus einem Fenster den Streifenwagen der Polizei, der gerade einparkt. Zwei Polizisten steigen aus und gehen ins Haus. Er hört ihre Tritte näherkommen, und dann stehen sie vor ihm. »Waren wir zu feig zum Springen?« fährt ihn der eine an. Franz schüttelt langsam den Kopf, während sein Mund sich zu einem seltsamen Grinsen verzieht. Er lässt sich widerstandslos festnehmen.

»Sie haben das Recht zu schweigen!« ist das erste Beschuldigtenrecht, über das ein Festgenommener aufgeklärt wird. Und: »Sie haben das Recht, einen Verteidiger beizuziehen.« Franz verzichtet – und schweigt.

***

Justizanstalt Wien-Josefstadt, erster Besuch bei meinem Mandanten Franz K. Drei Tage sind seit der Tat vergangen.

Er sitzt mir mit gesenktem, trotzigem Blick gegenüber. »Es hat eh keinen Sinn mehr ...«, flüstert er, dann versagt ihm die Stimme. Er hat einen ausgeprägten Kärntner Dialekt. Ich erkläre ihm, dass die Staatsanwaltschaft gegen ihn ein Verfahren wegen Verdachts des Mordes eingeleitet hat. Er zuckt mit den Achseln, blickt weiterhin verlegen zu Boden, schweigt beharrlich. Da erblicke ich die Kratzspuren an seinem Unterarm und spreche ihn darauf an. Sie stammen von der Rangelei mit seiner Frau. Am Schluss hat er doch noch eine Frage: »Wo sind die Kinder?« Ich verspreche ihm, beim Jugendamt nachzufragen.

* * *

Ich besuche meine in Untersuchungshaft befindlichen Klienten regelmäßig in der Vernehmungszone. Langsam taut er auf, der schweigsame Franz K. Manchmal wirkt er fast schon gelöst. Er scheint froh zu sein, jemanden zum Reden zu haben. Ich will, den Menschen, den ich vor Gericht verteidigen soll, kennenlernen. Einen Blick in sein Inneres werfen. Seinen Beweggründen, seinen Ängsten und Gefühlen auf die Spur kommen. Das ist für mich unerlässlich, um eine gute Verteidigungsstrategie aufzubauen. Bei Franz K. geht das so weit, dass ich ein wenig in seinen Dialekt verfalle: So redet es sich leichter.

Dem Gerichtsakt ist zu entnehmen, dass Liljana K. durch Ersticken verstorben ist. Da die Leiche aber keinerlei äußere Verletzungen aufgewiesen hat, müsse »jemand einen weichen Gegenstand auf Mund und die Nase gedrückt« haben. Der Gerichtsmediziner zieht ein Kissen in Betracht, weshalb die Polizei sämtliche Kissen und Stofftiere aus der Wohnung zwecks Spurenauswertung sichergestellt hat. Als ich meinen Mandanten mit dem Befund des Gerichtsmediziners konfrontiere, reagiert er überraschend lebhaft: »Nein, ich habe es nicht getan. Jedenfalls nicht mit einem Kissen ...« Ich ermahne ihn: »Mir müssen Sie die Wahrheit sagen, ich bin Ihre Anwältin!« Er beugt sich vor und erklärt mit leiser, aber fester Stimme: »I sog die Woarheit.«

* * *

Wenig später legt er in meinem Beisein vor den Kriminalbeamten ein Teilgeständnis ab: Er habe ihr die Hand auf ihren Mund gelegt, um sie endlich zum Schweigen zu bringen ...

Aber niemals habe er ihr die Nase zugehalten, niemals, er habe sie doch nicht töten wollen!

Und wie ist sie dann erstickt? Jetzt fällt meinem Mandanten ein, dass Liljana einen Schnupfen gehabt habe. Daraufhin stelle ich umgehend einen »dringenden Antrag« an die Staatsanwaltschaft: Der mit der Obduktion beauftragte Gutachter möge feststellen, ob bei der Getöteten allenfalls eine »permanente oder passagere Atemwegsbehinderung durch Verschleimungen« bestanden habe.

* * *

»Es klingt sicher komisch. Aber sie geht mir ab ...« Es ist einer dieser Momente, in denen mir klar wird, dass sich hinter der Fassade des schweigsamen, scheinbar gefassten und manchmal sogar humorvollen Franz K. ein überaus gefühlsbetonter Mensch verbirgt. »Stille Wasser sind tief«, lautet ein Sprichwort, das auf meinen Mandanten jedenfalls zutrifft. Er hat seine Liljana wohl bis zuletzt geliebt.

* * *

Zumindest das Wetter passt zum traurigen Anlass: stahlblauer Himmel und Schneeregen. An diesem kühlen Tag im März findet die Tat-Rekonstruktion in der bis dahin amtlich versiegelten Wohnung von Franz K. statt.

Als ich aus dem Taxi steige, haben sich schon ein paar Fotografen vor dem dunkelgrauen, heruntergekommenen Wohnhaus postiert. Nach und nach finden sich alle Beteiligten ein, der Haftrichter mit seiner Rechtspraktikantin und einer Stenografin, der Staatsanwalt, der Gerichtsmediziner, die Herren von der Spurensicherung, die Kriminalbeamten, eine Opfervertreterin. Mit ein wenig Verspätung trifft der Wagen der Justizwache ein. Zwei Beamte eskortieren meinen mit Handschellen gefesselten Mandanten zum

Haus. Er hat eine Baseballkappe auf und blickt verschämt zu Boden, möchte wohl ganz darin versinken, während die Kameras aufblitzen. Zwei Polizeibeamte verhindern, dass die Fotografen uns auch noch ins Stiegenhaus folgen.

In der bedrückend engen Wohnung beschleicht mich ein seltsames Gefühl: Hier ist die Zeit stehen geblieben. In der Wohnküche stapelt sich Geschirr, im Zimmer liegen Babysachen und achtlos hingeworfene Wäsche herum. An den Wänden hängen silbern glitzernde Girlanden, vom Lampenschirm baumeln bunt glänzende Christbaumkugeln. Die Tat geschah wenige Tage vor Weihnachten …

Auf Geheiß des Richters werden meinem Mandanten die Handschellen abgenommen, doch ein Beamter hält ihn an einer ledernen Hüftschnur fest. Dann demonstriert er an einer lebensgroßen Puppe, wie er seine Frau zu Tode gebracht haben will: gewaltsam aufs Bett gestoßen, auf ihre Hüfte gekniet und ihr den Mund zugehalten, nicht aber die Nase. Wie lange, das wisse er nicht mehr …

* * *

Es ist ein brütend heißer Hochsommertag. Heute findet die Hauptverhandlung in der Mordsache gegen Franz K. statt. Bereits am Morgen herrschen Temperaturen, die die vorsitzende Richterin zumindest in einem Punkt gnädig stimmen: Sie erlaubt den Anwesenden, ihre Sakkos auszuziehen.

Der Gerichtssaal ist gesteckt voll. Die Verwandten von Liljana K. sind aus Serbien angereist: »Mörder!«, ruft einer, als Franz K. vorgeführt wird.

Auch die Mutter von Franz K. ist da. Eine alte Frau mit freundlichem Gesicht, die dennoch auf eigenartige Weise distanziert wirkt. Sie blickt mich gütig an und überreicht mir einen kleinen, furchtbar kitschigen Engel aus Gips: »Das ist für meinen Franz, bitte geben Sie es ihm!«

Eigentlich hatte ich gehofft, dass ich mit ihr, der alten,

leidgeprüften Mutter, ein wenig Mitleid bei den Geschworenen auslösen würde können. Aber das gelingt nicht wirklich, denn sie gibt sich bei ihrer Aussage vor Gericht sehr wortkarg: Nein, Franz habe ihr nie von seinen Eheproblemen erzählt, erklärt sie mit ihrem freundlichen Gesicht. Ja, er habe sie an diesem Morgen angerufen und ihr gesagt, dass die Liljana tot sei. Sie sei erschrocken und habe geschrien, und dann sei sie schon aus der Leitung gefallen.

* * *

Obwohl sie auch aus Kärnten kommt, ist sie alleine angereist. Mit der Mutter von Franz K. will sie, warum auch immer, nichts zu tun haben: die Ex-Frau meines Mandanten, Gerda K. Mollige Figur, weizenblonde, kurz geschnittene Haare. Nicht unhübsch, aber ein ganz anderer Typ, als Liljana es war. Und gerade Gerda K., die von ihm geschlagen und vergewaltigt worden war, lässt bei ihrer Aussage den »weichen Kern in der rauen Schale« des Franz K. erahnen: Er habe ihr in all den Jahren kein Haar gekrümmt. Sei ein im Grunde gutmütiger Mensch, manchmal ein wenig impulsiv halt. Sei ein guter Vater gewesen. Nur mit Trennungssituationen könne er wohl nicht so gut umgehen. Wie damals, als sie Schluss gemacht habe, da habe er in seinem Zorn ein paarmal Grenzen überschritten. Die Richterin ist verärgert über diese Verharmlosung der Vorstrafen des Angeklagten. Sie sucht in den Akten, zitiert brutale Details aus der damaligen Anklageschrift und hält der Zeugin vor, dass sie nachweislich Würgemale aufgewiesen habe. »Muss ich das jetzt wirklich sagen?«, fragt Gerda K. mit ihrem Kärntner Akzent. »Ja, das müssen Sie!« Daraufhin eröffnet die Zeugin, dass sie damals »etwas ausprobiert« habe. Aber nicht mit dem Angeklagten, sondern mit einem anderen Mann: sadomasochistische Sexualpraktiken nämlich.

Nach ihrer Aussage wirft Gerda K. ihrem Ex-Mann und Vater ihrer Kinder einen eindringlichen Blick zu. Als ob sie bereuen würde, dass es so weit kommen musste. Doch er hält den Kopf gesenkt.

* * *

Hochgezogene Schultern, den Blick starr auf die Tischplatte gerichtet. In dieser Position verharrt Franz K. die ganze Zeit hindurch. Er spricht so leise, dass die Richterin ihn ermahnen muss: »Sprechen Sie direkt ins Mikrofon!« Ob die Geschworenen wenigstens ein bisschen Mitleid empfinden? Ich glaube es nicht, denn das Opfer war eine schöne junge Frau, und die Wortkargheit des Angeklagten wirkt trotzig.

* * *

In den Verhandlungspausen wird der Angeklagte abgeführt, während die Zuschauer im Flur warten oder die gemütliche Cafeteria des Gerichtsgebäudes aufsuchen. Plötzlich höre ich jemanden schreien: »Denen geht's doch nur ums Geld!« Ich drehe mich um. Es ist ein weißhaariger älterer Herr. Ich spreche ihn an und erfahre, dass er mit der Tante von Liljana K. verheiratet ist. Offenbar ist auch ihre Familie zerstritten. Der ältere Herr, er hat ein freundliches, offenes Gesicht, ist erbost darüber, dass die Opfervertreterin auch für diverse Verwandte des Opfers Schmerzensgeld im mehrstelligen Betrag fordert. »Warten Sie, ich hab da was für Sie!« Er kramt sein Handy aus der Jackentasche und zeigt mir Fotos von zwei fröhlich lachenden Kindern: Das Jugendamt hat zugestimmt, dass Angela und Rosa bis auf Weiteres bei ihm und seiner Frau bleiben dürfen. Sie wachsen zweisprachig auf. Er spricht mit ihnen Deutsch, seine Frau Serbisch. Ich werde meinem Mandanten später erklären, dass ich das für eine gute Lösung halte.

* * *

Am Schluss, es ist schon später Nachmittag, sind die Sachverständigen am Wort. Ich habe es dem Gerichtsmediziner nicht leicht gemacht, denn ich habe ein Privatgutachten eines renommierten anderen Sachverständigen vorgelegt. Aus dem ergibt sich, dass Franz K. seine Frau nicht, wie im Gerichtsgutachten angenommen, mit einem Kissen erstickt hat, sondern, wie von ihm ausgesagt, mit der bloßen Hand. Worauf ich hinaus will: kein vorsätzlicher Mord, sondern »bloßes« Mund-Zuhalten ohne Tötungsvorsatz. Tatsächlich spricht vieles dafür, dass hier kein Kissen im Spiel war: das Fehlen von DNA-Spuren auf dem sichergestellten Bettzeug, und auch in der Mundhöhle der Verstorbenen fanden sich keine Kissenfasern, wie dies in solchen Fällen üblich ist. Der Privatgutachter folgert daraus, dass der Tod durch die eingeschränkte Atemtätigkeit und den durch das Aufdrücken mit der Hand auf dem Brustkorb entstandenen Druck eingetreten sein muss, zumal die Verstorbene zwei gebrochene Rippen aufwies. Freilich kein schönes Detail für die Geschworenen. Der anwesende Gerichtsmediziner führt letztere Verletzungen jedoch auf die Herzmassage durch die Einsatzkräfte der Rettung zurück. Beharrlich verteidigt er seine Version und verweist darauf, dass die Polizei Abklebungen vom Gesicht der Toten vorgenommen und dabei Fasern sichergestellt habe, die offensichtlich von einem Kopfkissenüberzug stammen würden. Meinen Einwand, dass das Opfer ja kurz zuvor noch auf ebendiesem Kissen geschlafen hat, lässt er nicht gelten. Und: Der vom Angeklagten behauptete Schnupfen sei nicht nachweisbar gewesen. Über Befragen meinerseits muss der Mediziner aber einräumen, dass gar keine Untersuchung des HNO-Bereichs vorgenommen worden war. Zum Zeitpunkt meines Antrages sei die Leiche längst bestattet gewesen …

* * *

Gegen sieben Uhr abends sind alle Zeugen und Sachverständige gehört. Ich beantrage wegen der Widersprüche noch ein gerichtsmedizinisches Obergutachten, das vom Gericht jedoch abgelehnt wird. Es hält das Gerichtsgutachten für »richtig und schlüssig.«

Die Geschworenen beraten fast drei Stunden. Während dieser Zeit warte ich in einem Café neben dem Landesgericht. Die Temperaturen sind erträglich geworden. Es ist eine kühle Brise aufgekommen, was aber nichts an meiner Anspannung ändert. Endlich, gegen zweiundzwanzig Uhr, leuchtet ein anonymer Anruf auf dem Display meines Handys auf: Es ist die Schriftführerin des Gerichts, die mir mitteilt, dass die Geschworenen zu einem Urteil gekommen sind.

Ich habe mich durchgesetzt: Sie haben den von mir eingeholten Privatgutachten Glauben geschenkt, wonach der Angeklagte kein Kissen als Tatwerkzeug verwendet hat. Nur ändert diese Tatsache nichts an der juristischen Schlussfolgerung der Geschworenen: Mit einem Verhältnis von sechs zu zwei stimmt die Mehrheit für Mord. Denn die Sache mit dem Schnupfen wollen sie dem Angeklagten nicht abnehmen. Die Mehrheit der Geschworenen ist überzeugt davon, dass er mit seiner breiten Arbeiterhand seiner Frau auch die Nase zugehalten hat.

Wie so oft bei Geschworenenurteilen spielten bei der Urteilsfindung Emotionen eine entscheidende Rolle. Laienrichter lassen sich oft von ihrem Bauchgefühl leiten, sie müssen ihr Urteil ja nicht weiter begründen. Und die am gerichtsmedizinischen Institut angefertigten Bilder vom Gesicht der toten jungen Frau trugen wohl auch das Ihrige dazu bei: Sie lassen den minutenlangen Todeskampf erahnen, den Liljana K. erlitten haben muss. Das war wohl auch für die Strafbemessung ausschlaggebend: Franz K. wird zu einer Freiheitsstrafe von zwanzig Jahren verurteilt.

* * *

Wenige Monate später wird die Strafe aufgrund der von der Staatsanwaltschaft eingebrachten Berufung auf lebenslang erhöht. Das Erstgericht hätte es als erschwerend werten müssen, dass die Tat im Beisein der minderjährigen Kinder geschehen sei, lautete die Begründung der vorsitzenden Richterin.

Der Totmacher

»Plötzlich war da dieser strenge Geruch. Blutig. Schwarz. Es war nichts Menschliches. Um ihn zu vertreiben, habe ich die Kerzen, die ich in der Wohnung gefunden habe, angezündet. Das Blut hat im Kerzenschein schwarz geglänzt.«

* * *

Dichtes schwarzes Haar, gestylter Bart, durchtrainierte Figur: Erol E., 42, ist ein attraktiver Typ. Er entstammt einer türkischen Familie, ist aber in Österreich aufgewachsen. Neben ihm sitzt eine blonde, grazile Frau mit blasser Haut und feinen Gesichtszügen, ich schätze sie Mitte dreißig.

»Svetlana ist nicht Tariks Mutter. Die hat uns verlassen, als Tarik sieben Monate alt war«, beginnt Erol E. zu erzählen. Tarik, das ist sein neunzehnjähriger Sohn, der seit zwei Tagen in Untersuchungshaft sitzt. In den Medien nennt man ihn »den Totmacher« oder »Foltermörder« … »Seine Mutter und ich waren noch sehr jung, als wir geheiratet haben«, erzählt Erol E. weiter. »Sie kam aus der Türkei und war gerade mal siebzehn. Und ich nur ein Jahr älter. Wir waren unreife Teenager und haben uns bald auseinandergelebt. Sie ist dann in die Türkei zurückgegangen, hat unsere zwei Buben in Wien zurückgelassen. Es war meine Mutter, die Tarik und seinen um fünf Jahre älteren Bruder aufgezogen hat. Ich selbst musste arbeiten, um die Familie durchzubringen. Auch nachts, ich hatte lange Jahre ein Nachtlokal. Dort habe ich vor mehr als zwölf Jahren meine jetzige Frau kennengelernt. Tarik besuchte damals die erste Klasse Volksschule. Svetlana hat einen Sohn in die Ehe mitgebracht, der ist nur ein Jahr jünger als Tarik. Unsere Buben haben sich immer gut verstanden. Und Svetlana war ihnen allen eine gute Mutter.«

»Wie war Tarik als Kind?«, frage ich ihn.

»Er war ein lieber Bub, hat nie Probleme gemacht. Hilfsbereit, wohlerzogen und höflich gegenüber den Erwachsenen war er. Und ein bisschen schüchtern. Sie müssen wissen, dass er ein sehr zartes Kind war. In der Schule war er immer der Kleinste. Deshalb wurde er manchmal gehänselt, aber das hat er wegstecken können. Nur einmal, da war er vierzehn, gab es einen kleinen Vorfall ...« Herr E. zögert kurz, bevor er weitererzählt: »Ein Mitschüler hat ihn als ›Hurensohn‹ verspottet. Tarik ist aufgesprungen und hat diesem Buben, der viel größer und stärker als er selbst war, ein blaues Auge geschlagen. Er kam mit einer Verwarnung davon. Vor zwei, drei Jahren ist er dann regelrecht in die Höhe geschossen. Er hat mit dem Box-Training begonnen. Es hat ihm Spaß gemacht, er war ein guter Sportler. In der Schule, naja, da war er Durchschnitt. Als er vor zwei Jahren mit der Kochlehre begonnen hat, ist er zu seiner Oma, also meiner Mutter gezogen. Dort hatte er ein eigenes Zimmer und näher zur Arbeit, einem Luxushotel im ersten Bezirk. Seine Chefs waren immer zufrieden mit ihm, es hat nie Beschwerden gegeben. Auch bei den Mädels war er eher ein Spätzünder. Vor zirka einem Jahr hat er ein Mädchen kennengelernt, mit dem er eine Beziehung eingegangen ist. Sie hat öfters bei ihm übernachtet, die Oma hat das erlaubt. Sie war ein anständiges Mädchen. Doch dann haben sie sich plötzlich getrennt, warum weiß ich nicht. Es kam sein neunzehnter Geburtstag, das war vor rund drei Monaten. Da hat Tarik begonnen, sich zu verändern. Zu seinem Nachteil: Er ist fast jeden Abend ausgegangen, hat begonnen, Marihuana zu rauchen. Und er war sehr oft, manchmal eine ganze Woche lang, im Krankenstand. Wegen Rückenschmerzen, Übelkeit, Brechdurchfall und was weiß ich noch alles. Ich hatte mir vorgenommen, ihn zur Rede zu stellen, dass es so nicht weitergehen kann. Hatte mir sogar schon überlegt, ihn zu einem Psychologen zu schicken. Aber ich fand irgendwie keinen Zugang mehr zu ihm. In den letzten Wochen war er nur noch ›auf Party‹, kam nur kurz in die Wohnung, und war schon wieder weg ...« Herr E. wischt sich verschämt eine Träne aus den geröteten Augen: »In drei Monaten hätte er seine Lehrabschlussprüfung abgelegt ...«

Nachdem die beiden gegangen sind, blicke ich nachdenklich auf meine Notizen. Herr E. und seine Frau sind empathische, aufgeschlossene Menschen. Was für ein ungerechtes Schicksal, dass es gerade diesen Vater getroffen hat ...

* * *

Am nächsten Tag besuche ich Tarik E. zum ersten Mal in der Haft. Die Vorführung erfolgt unter verstärkten Sicherheitsvorkehrungen, es müssen zwei zusätzliche Justizwachebeamte anwesend sein: Tarik E. wird als »besonders gefährlich« eingestuft.

Nachdem der schlanke Bursche vor mir Platz genommen hat, sehe ich in ein schmales, jungenhaftes Gesicht. Unglaublich jung wirkt er. Weitaus jünger als neunzehn, fast noch wie ein Halbwüchsiger. Es ist ein durchaus attraktives Gesicht, am auffallendsten sind die großen, dunkelbraunen, von einem dichten Wimpernkranz umrahmten Augen. Sie blicken mich ernst an. Ich spreche ihn auf seine Tat an: »Herr E., warum haben Sie der Frau das angetan?«

Er sitzt nach vorne gebeugt da und starrt auf einen vor ihm liegenden Zettel, es ist der Beschluss über die Verhängung der Untersuchungshaft. »Hat sie Ihnen nicht leidgetan?«, frage ich weiter. Er hebt den Kopf und blickt mir ernst ins Gesicht: »Diese Frau war böse. Sie hatte unheimliche Kräfte. Ich habe sie geschlagen, so fest ich nur konnte. Doch sie ist immer wieder aufgestanden, hat keine Ruhe gegeben. So stark kann doch keine Frau sein. Vielleicht war sie ein Dämon? Ich habe ihre Wohnung durchwühlt und Bücher über Hexen, Dämonen und den Tod gefunden. Ich habe diese Bücher nicht berührt, denn sonst wäre ich verhext worden.« Seine dunklen Augen haben einen seltsamen Ausdruck bekommen. Ängstlich, fragend, flehend? Ich kann es nicht deuten.

Als mein Mandant abgeführt wird, zwinkert mir ein Anwaltskollege zu: »Na, was hat denn dieser fesche Bursche angestellt?« Ich lächle höflich zurück und sage: »Was sehr Schlimmes.«

* * *

Vier Tage zuvor. Es ist der 15. Jänner. Einer jener dunkelgrauen Wintertage, an denen es einfach nicht hell werden will. Am Nachmittag sind ein paar Schneeflocken gefallen. Gegen fünfzehn Uhr besucht Tarik E. seinen Bruder in dessen Wohnung, sie liegt in einer großen Gemeindebauanlage in Wien-Favoriten. Die Häuser mit ihren gräulich verwitterten Fassaden wirken heute besonders trostlos. Der Bruder ist längst verheiratet und zweifacher Vater. Tarik besucht die Familie fast jedes Wochenende.

Heute ist Tarik ganz in Schwarz gekleidet. Die Schwägerin serviert eine Mahlzeit, dazu gibt es Tee und belanglose Gespräche über eine eigene Wohnung, die Tarik sich anschaffen will, über seine Freundin und seine Zukunft. Tarik liebt seine beiden kleinen Neffen und spielt mit ihnen. Nach dem Essen geht er ins Stiegenhaus, um eine Zigarette zu rauchen.

Eine alte Frau kommt herunter. Ihre Hände umklammern zwei Müllsäcke, die sie zu den Containern schleppt. Es ist die zweiundsiebzigjährige Witwe Maria S., sie wohnt ganz oben, im Dachgeschoss. Tarik kennt sie nur vom Sehen. Er will ihr seine Hilfe anbieten, doch sie beginnt laut zu schimpfen: »Im Stiegenhaus darf nicht geraucht werden! Schauen Sie doch, was Sie da anrichten. Überall liegen Zigarettenstummel herum!« Und dann fällt ein Wort, das ihn zusammenzucken lässt: »Scheiß-Ausländer!« Tarik ist so erschrocken, dass seine Hände zittern. Mit einer so heftigen Reaktion hat er nicht gerechnet. Er versucht dennoch, ruhig zu bleiben. Er will mit der schimpfenden Frau ins zu Gespräch kommen, fragt sie, ob sie alleine lebe: »Ich würde es nicht zulassen, dass meine Oma den Müll hinuntertragen muss!« Da wird die alte Frau freundlicher: »Mein Mann ist schon gestorben!« Tarik weiß, was sich gehört, und spricht ihr sein Beileid aus. Die Situation hat sich entspannt. Maria S. geht langsam wieder die Treppen hoch.

Tarik kehrt zurück in die Wohnung seines Bruders. Der hat schon alles hergerichtet, um ihm einen modischen Kurzhaarschnitt zu verpassen. Tarik erwähnt kurz den Zwischenfall im Stiegenhaus. Der Bruder meint, er soll sich nichts draus machen. Auf seiner Stiege wohnen mehrere ältere, alleinstehende Frauen, die sich regelmäßig über kleine Kinder, Jugendliche und Ausländer beschweren. Tarik schüttelt den Kopf und setzt sich auf den Stuhl. Während sein Bruder ihm die Haare schneidet, kommt man auf den blutigen Terroranschlag zu sprechen, der sich dieser Tage in der Türkei ereignet hat. Die vielen Toten, sowohl Landsleute als auch Touristen, gehen Tarik sehr nahe. Überall Terror, überall Blut, ein drohender Krieg, der immer näher rückt. So sieht es Tarik und beginnt plötzlich zu weinen. Sein Bruder tätschelt ihm auf die Schulter und stylt seine frisch geschnittenen Haare mit Gel. Dann verabschiedet sich Tarik, um nach Hause zu fahren.

Im Stiegenhaus überlegt er es sich plötzlich anders. Er läutet an verschiedenen Haustüren an. Als eine Frau öffnet, hält er ihr ein paar zerknitterte Gratiszeitungen hin: »Ich schenke Ihnen diese Zeitungen. Aber Sie sollten nicht immer glauben, was die Medien schreiben. Sie manipulieren die Menschen.« Und dann verweist er auf seine schwarze Kleidung: »Ich bin in Trauer, weil viele Menschen gestorben sind.« Die Frau zieht es vor, die Türe vor der Nase des verwirrt wirkenden jungen Mannes zuzuknallen.

Tarik zündet sich eine Zigarette an und geht hinauf ins Dachgeschoss. Vor der Wohnungstüre der Maria S. bleibt er stehen. Es ist eine massive Sicherheitstüre mit drei Schlössern. Er läutet. Einmal, zweimal, mehrmals. Niemand rührt sich. Er beginnt, an der Türe zu klopfen, zuerst noch zaghaft, dann fester und beharrlich. Endlich öffnet sich die Türe einen Spalt, Maria S. lugt mit mürrischem Blick hervor. Tarik zieht an seiner Zigarette. Dann zeigt er ihr, dass er das Stiegenhaus sauber hält: Er fängt die Asche mit seiner geöffneten Hand auf.

Auszug aus der polizeilichen Aussage des Tarik E. vom 17. Jänner, Beginn 19.36 Uhr:

»Dann sagte ich ihr sinngemäß, dass ich ihr vorher mein Beileid ausgesprochen habe und dass es mir leidtut. Deshalb will ich, dass auch sie mir ihr Beileid ausspricht, weil ich als Türke durch den Terroranschlag Landsleute in der Türkei verloren habe. Sie sagte nur: ›Na und, mein Mann ist auch verstorben‹, und dann hat sie laut zu schreien begonnen: ›Wenn Sie mich nicht in Ruhe lassen, rufe ich die Polizei und meinen Sohn, der wird dich schlagen!‹ (...) Ich habe sie aufgefordert, ruhig zu sein und mich nicht anzuschreien. Man kann ja auch normal mit mir reden. Sie hat aber nicht aufgehört. Daraufhin habe ich ihr spontan mit meiner rechten Faust direkt ins Gesicht geschlagen. Da bin ich noch vor der Türe am Gang gestanden. (...) Nach dem Schlag begann die Frau sofort laut um Hilfe zu rufen. Ich habe mich richtig geschreckt. Ich bin, weil die Wohnungstüre jetzt offen war, ins Vorzimmer. Sie versuchte aus der Wohnung zu flüchten. Da habe ich mich hinter sie gestellt und habe ihr von hinten mit der rechten Hand den Mund zugehalten. Sie hat mich in einen Finger gebissen und ich habe die Hand sofort von ihrem Mund weggezogen. Dann habe ich, während ich sie festhielt, die Wohnungstüre von innen irgendwie zugeschlagen. Ich habe nicht bemerkt, ob die Frau wegen des Faustschlages geblutet hat.

Im Vorzimmer ist ein flacher Schuhkasten, dort war ein Schuhlöffel, der ca. 25–30 cm lang war. Den hat Frau S. mit der linken Hand zu fassen bekommen und hat damit versucht, nach hinten auf meinen Kopf zu schlagen, denn ich war ja hinter ihr. Sie hat mich auf der Schulter getroffen. Da habe ich sie fallengelassen und sie ist mit dem Kopf auf dem Boden aufgekommen. Dann habe ich sie auf beiden Seiten unter den Achseln genommen und versucht, sie ins Wohnzimmer zu zerren. Sie versuchte auf die Beine zu kommen und hat auch versucht, mich an den Händen zu kratzen, was ihr aber nicht gelang. Ich habe ihre Hände weggestoßen. Sie hat dann das Gleichgewicht verloren und ist mit dem Gesicht auf den Schuhkasten gefallen. Dann hat sie zu bluten begonnen. Sie sagte dann: ›Ich bin tot, ich bin tot.‹ Ich habe ihr gesagt: ›Nein, Sie sind noch nicht tot.‹

Irgendwie habe ich sie dann doch ins Wohnzimmer gebracht. Den Schuhlöffel, der im Vorzimmer lag, habe ich mitgenommen. Im Wohnzimmer beim Fernseher war ein Festnetztelefon, danach wollte sie greifen, da habe ich einfach den Stecker vom Telefonkabel herausgerissen. Schon vorher habe ich ihr mit dem Schuhlöffel auf die Hände geschlagen. Dann habe ich damit auch oben auf ihren Kopf geschlagen, und zwar mit der flachen Seite. Der Fernseher war aufgedreht, den habe ich ausgeschaltet, weil das Gerede hat mich gestört. In der Küche war ein Radio aufgedreht. Das habe ich ausgesteckt.

Frau S. versuchte einstweilen aufzustehen. Die Türe vom Wohnzimmer ins Schlafzimmer stand offen. Ich habe sie aufgefordert, in ihr Schlafzimmer zu gehen, das hat sie auch wirklich gemacht. Dann habe ich etwas Spitzes gesucht. Ich habe in der Küche in einer Lade ein Messer gefunden. Es war ein kleines Gemüsemesser, die Klinge war etwa 8 bis 10 cm lang. Es hatte einen schwarzen Griff.

Damit bewegte ich mich von der Küche in Richtung des Schlafzimmers. Die Frau saß im Schlafzimmer am Boden und nahm wahllos Gegenstände, die in ihrer Reichweite waren und warf sie nach mir. Sie hat auch einige Male getroffen. Ich habe, weil ich richtig wütend auf sie war, im Wohnzimmer aus dem Fernsehkastl und einem Kasten alles, was ich in die Hände bekam, einfach herausgerissen und habe das Zimmer verwüstet. Dann bin ich zu ihr ins Schlafzimmer.

Dort waren mehrere Blumentöpfe. Ich habe zuerst die Pflanzen aus den Töpfen genommen und die Erde auf dem Boden verstreut. Frau S. hat aus der Nase und einem Cut auf dem Kopf geblutet. Deshalb habe ich die Erde verstreut, um nicht mit den Schuhen mit dem Blut in Berührung zu kommen. Ich nahm einen von den jetzt leeren Blumentöpfen, es war ein relativ großer und habe ihn ihr aus etwas Distanz mit beiden Händen auf den Kopf geschmissen. Ich habe sie aber verfehlt und der Topf ist an der Wand zerbrochen. Dann nahm ich einen anderen Topf mitsamt der Pflanze und habe noch einmal geworfen. Dieser Topf hat ihren Kopf oben getroffen, und sie fing stark zu bluten an. Sie versuchte aber trotzdem ständig, mit Gegenständen nach mir zu werfen. Ich habe dasselbe gemacht. Sie versuchte zwar zu schreien, konnte aber nur mehr wimmern und jaulen.

Ich habe dann auch mit den Füßen nach ihr getreten, und zwar auf Kopf und Körper. Das Messer hatte ich dabei auf die Seite gelegt. Dann habe ich versucht, ihr das Genick zu brechen. Sie saß auf dem Boden, den Rücken am Bett angelehnt. Ich bin aufs Bett und habe mit beiden Händen von hinten versucht, ihr den Kopf zu verdrehen, bis das Genick bricht. Es ist aber nicht gelungen, weil sich ihr Körper immer mitgedreht hat, und weil ich auch mit den Händen im Blut abgerutscht bin. Weil mir das nicht gelungen ist, habe ich dann das Messer in die rechte Hand genommen und habe von vorne mit seitlich angewinkeltem Arm mehrmals auf sie eingestochen, und zwar gegen ihre linke Körperseite im Bereich der Rippen und des Brustkorbes. Da hat sie gesagt: ›Jetzt bin ich tot‹, und ich habe ihr geantwortet: ›Ja, jetzt sterben Sie langsam.‹ (…)

Die Frau lag am Boden ausgestreckt. Dann nahm ich einen großen Blumentopf aus Ton, nahm die Pflanze heraus, habe die Erde am Boden verstreut und habe den Topf von hinten über ihren Kopf geschoben. Ich wollte ihr Gesicht nicht mehr sehen. Es hat ekelig ausgeschaut. Es begann fürchterlich zu stinken.

In der Küche und im Schrank im Schlafzimmer habe ich nach Kerzen gesucht, die ich anzünden wollte, um diesen Geruch wegzukriegen. Mir war schlecht und war ich kurz davor, mich zu übergeben. Ich habe sowohl Kerzen als auch ein Feuerzeug und Zündhölzer gefunden. Ich habe im Schlafzimmer Kerzen angezündet. Ein Bügeleisen habe ich auch in der Küche gefunden, das habe ich im Schlafzimmer angesteckt, weil es kalt war. Ich wollte, dass es wärmer wird. Die Frau ist mit einem Fuß an das heiße Bügeleisen angekommen und hat sich verbrannt. Sie konnte sich noch bewegen. (…)

Weil mir jetzt heiß war, habe ich meinen Oberkörper bis auf ein Spaghetti-Leiberl freigemacht. Ich habe mir eine Zigarette angeraucht und habe versucht, mich zu beruhigen. Ich nahm ein Feuerzeug zur Hand. Das hielt ich dann mehrfach und brennend wahllos auf verschiedene Körperstellen. Sie versuchte immer, mir die Hand wegzustoßen. Davon wurden meine Hände blutig. Ich ging in die Küche und wusch mir meine Hände. Ich fand dort eine Küchenrolle, die habe ich von der Küche bis fast zum Schlafzimmer ausgerollt, weil schon alles blutig war. Dann habe ich meine Schuhe ausgezogen und bin nur mit Socken zurück ins Schlafzimmer. Ich habe das Messer genommen. Ich wollte in den Hals der Frau schneiden, das Messer war aber nicht sehr scharf. Deshalb habe ich etwas rechts vom Kehlkopf hineingestochen und dann zur Seite geschnitten. Das Blut fing sofort zu spritzen an, auch auf mein weißes Spaghetti-Leiberl. Die Frau hat noch geröchelt. Ich habe noch mehrmals in den Hals geschnitten und gestochen. Sie hat noch etwas geröchelt und war dann ganz ruhig.

Dann bin ich ins Badezimmer und suchte nach einem Schwamm, damit ich mich reinigen kann. Das blutige Leiberl habe ich ausgezogen. Weil im Bad kein Licht war, habe ich mich in der Küche im Waschbecken gereinigt. Dann habe ich mich angezogen. Ich konnte irgendwie nicht realisieren, dass ich einen Menschen getötet hatte. (...)

Dann habe ich die Wohnung verlassen. (...) Meinen Rucksack habe ich mitgenommen, das braune Tascherl mit Geldbörse, Schlüssel, Handy, Ausweisen etc. habe ich vergessen. Dabei hatte ich diese Dinge extra auf einen kleinen Tisch im Wohnzimmer geordnet, damit ich sie ja nicht vergesse.

Da ich müde bin, bitte ich, die Vernehmung vorerst zu beenden.«

* * *

Die Einvernahme wird am folgenden Tag fortgesetzt. Tarik E. zeigt sich wieder überaus »kooperativ«, es kommen weitere grauenhafte Details der Tat zutage: Er hat mit einem großen, getrockneten Kürbis, der in der Wohnung war, auf den Kopf seines Opfers eingeschlagen. So wuchtig, dass der Kürbiskopf abbrach und er nur mehr den Stiel in der Hand hielt. Plötzlich, so Tarik E., sei der Wunsch über ihn gekommen, ihr den Stiel des abgebrochenen Kürbisses in den Intimbereich »hineinzustecken«.

Die Schilderungen des Verdächtigen sind selbst für die hartgesottenen Beamten der Wiener Mordkommission so schockierend, dass einige von ihnen sich beinahe übergeben müssen. Die Beamten konfrontieren den Burschen schließlich damit, dass man verschiedene, offenbar bewusst versteckte Gegenstände in der Wohnung gefunden habe, wie graue Hausschlapfen im Kühlschrank oder einen blutigen Schuhlöffel im Wohnzimmerverbau hinter einem Kleiderstapel. Tarik E.: *»Dazu kann ich sagen, dass mir in Erinnerung ist, dass* *ich Gegenstände wahllos genommen und irgendwo hineingestopft oder hingesteckt habe. Auf die Frage nach einem Handy der Frau S. kann ich angeben, dass ich ein weißes Handy im Wohnzimmer fand. Es ist Frau S. nie gelungen, an dieses Handy zu kommen. Das Handy hatte mehrmals geläutet, während ich in der Wohnung war. Auf dem Display konnte ich immer den Namen ›Anni‹ lesen. (...) Erst als sich Frau S. nicht mehr bewegt hat, ging ich damit in die Küche, habe dort Wasser im Waschbecken aufgedreht und den Stöpsel in den Ausguss gesteckt. Als etwas Wasser eingelaufen war, habe ich das Handy genommen und ins Wasser gelegt. Es hat trotzdem mehrmals geläutet, ich konnte wieder den Namen ›Anni‹ lesen.«*

* * *

An diesem dunkelgrauen Nachmittag des 15. Jänner sitzt Helga B. gerade vor ihrem PC, als sie gegen 17 Uhr plötzlich ein dumpfes Poltern hört. Kurz darauf schreit eine weibliche Stimme: »Hilfe, Polizei!« Da Frau B. nicht genau zuordnen kann, woher die Geräusche kommen, geht sie ins Stiegenhaus und horcht. Da ist sie wieder, die Stimme. Sie ist zwar leiser geworden, aber noch gut zu verstehen: »Hilfe!« Helga B. ist sich jetzt sicher, dass sie vom oberen Stockwerk kommt. Sie beschließt, die Polizei zu rufen. Als wenig später zwei Polizeibeamte eintreffen, ist es wieder ruhig im Haus. Die Polizisten gehen durchs Stiegenhaus und läuten überall an. Auch ganz oben im Dachgeschoss. Es wird nicht geöffnet. »Wenn Sie wieder etwas hören, rufen Sie uns an!«, erklären die Beamten der Anruferin, bevor sie die graue Wohnhausanlage in Wien-Favoriten wieder verlassen.

Doch an diesem Abend des 15. Jänner bleibt es ganz ruhig.

* * *

Das Martyrium der Maria S. hat rund eine Stunde gedauert. Als Tarik E. die Wohnung verlässt, ist es gegen achtzehn Uhr und schon dunkel. Er fährt mit der U-Bahn in den ersten Bezirk, um in einem angesagten Disco-Club abzutanzen. Später werden Facebook-Fotos von dieser Party-Nacht auftauchen: Sie zeigen Tarik E., umringt von hübschen jungen Mädchen. Er lächelt und sieht aus wie aus dem Ei gepellt: Die Haare mit Gel zurückgekämmt, eine schicke Uhr am Handgelenk, das olivgrün gemusterte Hemd wirkt frisch gewaschen und gebügelt. Sein blutiges T-Shirt ist in der Mord-Wohnung zurückgeblieben. Niemandem fällt auf, dass die Turnschuhe des schlanken jungen Tänzers blutgetränkt sind, denn sie sind dunkelblau ...

* * *

Während Tarik E. im Disco-Club tanzt, wächst die Nervosität von Anna R. aus Wien-Donaustadt: Ihre Schwester ist seit diesem Nachmittag nicht mehr erreichbar, was so gar nicht zu ihr passt. Maria S. und ihre jüngere Schwester Anna R. haben eine sehr innige Beziehung, und obwohl die beiden quasi am jeweils anderen Ende der Stadt wohnen, sehen sie sich regelmäßig und telefonieren täglich. Anna R. hat auch einen Wohnungsschlüssel ihrer Schwester, »für alle Fälle«. Gegen 19 Uhr beschließen Anna R. und ihr inzwischen nach Hause gekommener Ehemann, nicht mehr länger zuzuwarten. Sie setzen sich ins Auto und fahren in den zehnten Bezirk zur »Mitzi«, wie die Schwester seit ihrer Kindheit liebevoll gerufen wird.

Von der Straße aus sehen sie, dass im Schlafzimmer Licht brennt. Sie muss also zu Hause sein. Sie laufen hinauf ins Dachgeschoss, läuten Sturm an der Wohnungstüre. Niemand öffnet. Durch den Türschlitz sehen sie, dass auch im Vorraum Licht brennt. Anna R. sperrt auf, ihr Mann betritt den Flur – und prallt zurück. Es ist ein Anblick, den er niemals vergessen wird: Wände voller Blutspritzer. Verschmierte Blutspuren auf dem Fliesenboden, dazwischen blutgetränkte Papierstreifen und wahllos verstreute Gegenstände. Herr R. packt seine Frau an den Schultern und schiebt sie zur Seite: »Geh nicht hinein. Wir müssen sofort die Polizei rufen!«

Die Tatortgruppe der Wiener Polizei findet eine völlig verwüstete Wohnung vor. Die Leiche einer weiblichen Person befindet sich in Rückenlage und ist teilweise entkleidet. Über den Kopf ist ein großer Blumentopf gestülpt. Der Rettungsdienst kann nur noch den eingetretenen Tod feststellen. Das Gesicht der Toten ist so entstellt, dass eine Identifizierung vorerst nicht möglich ist.

* * *

Gegen 4.30 Uhr morgens nimmt Tarik E. ein Taxi, um zum Tatort zurückzukehren: Er will die in der Wohnung vergessenen Sachen holen, seine Geldbörse mit den Ausweisen und das Handy. Der Taxler wartet vor dem Haus auf seinen Fuhrlohn, Tarik E. muss ihm seine »Fossil«-Uhr als Pfand überlassen. Im Stiegenhaus ist noch alles ruhig. Er schleicht vorbei an der Wohnung seines Bruders, geht leise die fünf Stockwerke hinauf zum Dachgeschoss – und erschrickt: Über dem Türschloss befindet sich ein dicker Klebestreifen: »Polizeilich versiegelt!«

Panik. Er läuft die Stiegen hinunter, vorbei an den immer noch ruhigen Wohnungen, hinaus auf die Straße. Der Morgenverkehr hat schon begonnen. Sein Taxi ist weg, mitsamt der »Fossil«-Uhr. Tarik E. ärgert sich, es war seine teuerste Uhr. Er geht die Straße entlang, vielleicht findet er das Taxi noch, biegt dann in eine Seitengasse ein. Er ist ohne Plan und Ziel. Er schlendert weiter, an den parkenden Autos vorbei, schaut ab und zu durch die Scheiben ins Fahrzeuginnere. Da sieht er es: ein Stanleymesser. Es liegt in einer Mittelkonsole. Plötzlich hat er wieder einen Plan: Er kramt einen kleinen, vor ein paar Tagen aus einer Straßenbahn entwendeten Notfallhammer aus seinem Rucksack, zerschlägt damit die Seitenscheibe des Autos, steigt ein und holt das Stanleymesser heraus. Er probiert, damit das Zündschloss umzudrehen. Vergeblich, es gelingt ihm nicht. Verärgert schaut er auf den Rücksitz: Dort liegen eine Packung Kekse und eine Tafel Schokolade. Da wird ihm bewusst, dass er einen Mordshunger hat! Er nimmt die Süßigkeiten an sich und will gerade aussteigen, als plötzlich zwei Polizisten vor ihm stehen. Um 8.42 Uhr des 16. Jänner wird Tarik E. wegen Verdachts des Mordes festgenommen.

* * *

Zwei Tage später bin ich wieder im Gefängnis, um Tarik E. vorführen zu lassen. Inzwischen habe ich mir den Akt durchgelesen. Mein Mandant hat bei seiner polizeilichen Aussage offenbar kein noch so grausames Detail ausgelassen. Warum? Wollte er auspacken? Sein Gewissen erleichtern? Oder hat es ihm sogar heimlichen diabolischen Spaß bereitet, die entsetzten Beamten zu schockieren? Was hat ihn bloß zu dieser unfassbaren Orgie an Abscheulichkeiten getrieben? Ist er sich überhaupt dessen bewusst, was er angerichtet hat? Der Akt beschäftigt mich wie kaum ein anderer, und ich bin drauf und dran, das Mandat abzugeben. Aber dann denke ich an seinen Vater. Ich habe ihm versprochen, dass ich seinem Sohn helfen werde. Ich bin Strafverteidigerin, und es ist nicht meine Aufgabe, Menschen zu verurteilen, so abscheulich ihre Taten auch gewesen sein mögen. Jeder Angeklagte hat Anspruch auf Verteidigung, so funktioniert unser Rechtssystem nun mal, und das ist gut so.

Diese Gedanken gehen mir durch den Kopf, während ich in der Vernehmungszone auf meinen Mandanten warte. Endlich werde ich aufgerufen. Ich begebe mich in die kleine Sprechzelle, in der ich mit ihm alleine bin. Mein Mandant wirkt heute sehr müde. Es ist wohl auf die Medikamente zurückzuführen, die man ihm inzwischen verabreicht. Er hat keine Ahnung, welche das sind: »Ich bekomme weiße Tabletten, die sich im Wasserglas auflösen.« Später erfahre ich, dass es sich – unter anderem – um »Seroquel« handelt, ein Neuroleptikum, mit Psychosen behandelt werden.

Als ich ihm konkrete Fragen stelle, wird er aktiver. Er hat ein großes Bedürfnis zu erzählen. Nicht über die Tat, sondern über allerlei Dinge, die ihm nahegehen: die Ungerechtigkeit, die auf der Welt herrsche, und seine Angst, dass alles ein schlimmes Ende nehmen werde. Er antwortet zwar auf meine Fragen, schweift aber immer wieder ab. Spricht über fundamentale Lebensfragen wie Gut und Böse, über Religion, den Sinn des Lebens. Dabei wirkt er unreif, wie ein Pubertierender, der diese Themen eben erst für sich entdeckt hat. Er sagt seltsame Sätze wie: »Ich habe ein sauberes Herz«, spricht von »Respekt« vor älteren Leuten und erzählt von einer Episode, die ihn zu Tränen gerührt habe. Vor wenigen Tagen, es sei bitterkalt gewesen, habe er einem frierenden Bettler seine Winterjacke geschenkt: »Der alte Mann hat vor Dankbarkeit meine Hand fest umklammert!« Ich begreife es nicht, dass derselbe höfliche junge Mann wenig später eine alte Frau bestialisch zu Tode gemartert hat.

Dann spreche ich ihn auf die Tat an. Tarik E. nimmt das Wort »Erlösung« in den Mund – und beschreibt detailliert, wie diese »Erlösung« ausgesehen hat: Als die Frau in ihrem Blut vor ihm gelegen sei, habe er versucht, ihr die Kehle durchzuschneiden. Und wieder lässt er kein Detail aus: »Es war so eklig, ich habe gar nicht hinschauen können. Es hat geknackst. Ich habe mein Gesicht abgewendet. Mir hat gegraust.«

Ich frage ihn nach dem »Gestank«, den er bei seiner Einvernahme geschildert hat: »Wie würden Sie ihn beschreiben?« Seine Antwort: »Blutig. Schwarz. Penetrant. So etwas habe ich noch nie zuvor gerochen. Ich habe Kerzen angezündet, um den Geruch wegzukriegen ...« Vor mir entsteht ein Bild wie aus einem Horrorfilm: Kerzen, die neben der zu Tode geschundenen Frau brennen. Aber ich bin Strafverteidigerin, es ist nicht meine Aufgabe zu urteilen ...

* * *

Der Gerichtsmediziner war noch in der Nacht des 16. Jänner zum Lokalaugenschein in die Wohnung der Ermordeten gerufen worden, später hat er die Leiche obduziert. Die trockene Fachsprache seines Gutachtens lässt erahnen, welch schreckliche Szenen sich an jenem düsteren Wintertag in der Dachgeschosswohnung im zehnten Wiener Gemeindebezirk abgespielt haben: Die Leiche weist unzählige striemenartige, düsterblau-violett verfärbte Blutunterlaufungen auf, Zertrümmerungen und Zerreißungen, Rippenbrüche, kaum ein Knochen ist heil geblieben. An den Händen finden sich Abwehrverletzungen, der linke Zeigefinger ist fast vollständig abgetrennt. Die »*gesamte Gesichtsregion war düsterbläulich verfärbt und geschwollen, die Augenbindehäute (...) flächenhaft unterblutet, die Weichteile in der Stirnregion, die Nase und Ober- und Unterlippe ausgedehnt zerrissen und es zeigte sich ein offener Gesichtsschädelbruch, wobei Knochenbruchsfragmente in der Tiefe sichtbar waren.*« An der rechten Gesäßbacke der Leiche findet der Gerichtsmediziner neben tiefergehenden Stichverletzungen eine bügeleisenabdruckartige Hautverbrennung vor.

* * *

Bei einem meiner Haftbesuche vertraut Tarik E. mir an, dass seine junge Freundin ihn überraschend besucht habe. Sie wolle zu ihm halten, habe sie ihm erklärt, mehr noch: Sie wolle ihn heiraten! Obwohl mir klar ist, dass es sich nur um eine Laune einer närrischen Zwanzigjährigen handelt, will ich ihn nicht entmutigen: »Das ist doch toll, dass sie so zu Ihnen steht!« Doch er senkt betreten den Blick und sagt: »Es sollte der Mann sein, der um die Hand einer Frau bittet. Nicht umgekehrt.« Er weiß wohl, dass diese Liebe keine Zukunft hat, und will sich erst gar nicht auf sie einlassen.

»Die Psychologen stellen so komische Fragen. Das mag ich nicht«, beschwert er sich dann. Doch es ist eben ganz »normal«, dass bei einer derart abnormen Straftat erst einmal ein gerichtspsychiatrisches Gutachten eingeholt wird.

* * *

Das Gutachten liegt Ende März vor. Es ist sehr umfangreich ausgefallen, denn Tarik E. war zahlreichen psychologischen Tests unterzogen worden. Die gutachterliche Schlussfolgerung ist wenig überraschend: Der Untersuchte leidet an einer schweren Persönlichkeitsstörung. Aber sie ist nach Ansicht des Psychiaters längst nicht so weitreichend, dass von einer Zurechnungsunfähigkeit auszugehen sei: Aus den »detailgenauen, geordneten Schilderungen der Tat« schließt der Gutachter nämlich, dass Tarik E. zur Tatzeit durchaus noch »steuerungsfähig« gewesen sei. Er habe das Unrecht seiner Tat erkennen und danach handeln können.

Von besonderer Brisanz ist die kriminalpsychologische Analyse des Delikts. Jetzt ist mir klar, warum mein Mandant dem Psychologen so misstrauisch begegnet war: »*Herr Tarik E. bestreitet bei allen gutachterlichen Untersuchungen vehement jegliche sexuelle Motivation oder jeglichen Zusammenhang mit allfälligen sexuellen Fantasien oder sexuellen Erregungszuständen bei der Tat. In Anbetracht der vorliegenden Fakten ist das Delikt jedoch eindeutig als auch sexuell motiviertes Tötungsdelikt mit unorganisiertem Planungsgrad zu klassifizieren*«, heißt es im Gutachten. Die Verdachtsdiagnose lautet: »Störung der Sexualpräferenz, Sadismus.« Die Prognose ist ungünstig: »*Die Häufigkeit solcher Delikte unter den Tötungsdelikten beträgt lediglich 3 %, die Rückfallgefahr in ein weiteres Tötungsdelikt ist aus kriminalpsychologischer Sicht im Vergleich zu Tätern, die ein persönliches, ein bereicherungs- oder ein gruppendynamisches Tötungsdelikt begehen, hoch.«*

Tarik E. hat die Tat somit unter dem Einfluss einer geistigseelischen Abartigkeit höheren Grades begangen. Er ist aber zurechnungsfähig und wird daher wegen Mordes angeklagt werden.

* * *

Mit dieser gutachterlichen Schlussfolgerung will ich mich vorerst nicht abfinden. Ich will einen zweiten Gutachter zurate ziehen, entscheide mich für den renommierten Gerichtspsychiater Univ.-Prof. Dr. Reinhard Haller. Er erklärt sich bereit, meinen Mandanten psychiatrisch zu explorieren. Nach seiner Untersuchung treffen wir uns im alteingesessenen Café »Adam« neben dem Gericht. Haller bringt es gleich auf den Punkt: »Ich will dem Vater Ihres Mandanten kein Geld abknöpfen. Ich muss Ihnen leider mitteilen, dass ich mit meinem Kollegen in den wesentlichen Punkten seines Gutachtens konform gehe. Ihr Mandant leidet an keiner Psychose oder dergleichen.«

* * *

Tarik E. wurde zum »Verhängnis«, dass er sich bei seiner Einvernahme minutiös an die Details der Tat erinnern konnte. Doch war er deshalb auch in der Lage gewesen, das Unrecht seiner Tat zu erkennen und dieser Einsicht gemäß zu handeln, wie das Gesetz es erfordert, um jemanden für zurechnungsfähig zu erklären? Tarik E. mag sich an jede Einzelheit seiner Tat erinnern können – kann das wirklich ein Beweis dafür sein, dass er auch bei Sinnen war? Sollte man bei der Beurteilung nicht auch nach einem rational nachvollziehbaren Motiv fragen? Warum hat Tarik E. diese unfassbare Tat begangen? Ist die völlige Irrationalität seines Handelns nicht ein Hinweis darauf, dass er jegliche Kontrolle über sich selbst verloren hatte? Hatte er zur Tatzeit tatsächlich noch so etwas wie einen »freien Willen«? Ich bezweifle es. Doch die österreichische Gerichtspsychiatrie hält an alteingesessenen, starren Beurteilungs-Dogmen fest, und niemand wagt, daran zu rütteln. Es scheint fast, als ob man Angst hätte, den »freien Willen« des Menschen in Frage zu stellen, und damit das Böse schlechthin: Es kann nicht sein, dass am Ende niemand mehr bestraft wird, weil er nicht böse, sondern »nur« krank ist. Das »Böse« braucht ein Gesicht, und der Gerechtigkeit muss Genüge getan werden, indem »der Böse« bestraft wird ...

* * *

An diesem heißen Spätsommertag erscheint das Verbrechen an Maria S. ferner denn je, fast schon unwirklich. Heute findet am Wiener Straflandesgericht die Schwurgerichtsverhandlung gegen Tarik E. statt.

Die Gerichtsreporter müssen an diesem Morgen ungewöhnlich lange warten. Plötzlich erkenne ich hinter der gläsernen Doppeltüre, die zu den Verhandlungssälen führt, die Umrisse mehrerer Personen. Die Türflügel schwingen weit auf. Da ist es, das Objekt ihrer Begierde: ein schmaler Bursche, in Handschellen und flankiert von zwei kräftigen Justizwachebeamten. Er trägt ein enges schwarzes Hemd zur beigen Hose und blickt trotzig zu Boden. Ich trete auf ihn zu, um ihn zu begrüßen, vielleicht auch ein wenig zu beschützen, während das Blitzlichtgewitter über uns niedergeht. Schnellen Schrittes führen ihn die Beamten in den Saal, drücken ihn auf den Stuhl vor dem Richtertisch und nehmen ihm die Handschellen ab. Die Fotografen sind uns gefolgt und schießen weiter ihre Bilder. Tarik E. sitzt nach vorne gebeugt da und starrt auf die Tischplatte. »Sie dürfen Ihr Bild nur verpixelt oder mit schwarzem Balken bringen«, flüstere ich ihm zu. Er ist ganz ruhig, offenbar hat man ihm vorsorglich mit Beruhigungstabletten verabreicht.

Schon in den Vormittagsstunden erreichen die Temperaturen im Verhandlungssaal die Grenze des Erträglichen. Mit einem Anflug von Ironie nützt der vorsitzende Richter die Gelegenheit, um sich vor den zahlreichen Journalisten darüber zu beklagen, dass das Gerichtsgebäude bis heute über keine Klimaanlage verfügt: »Darüber können Sie ruhig auch mal schreiben!«

Tarik E. beantwortet höflich die Fragen des vorsitzenden Richters, den er mit »Euer Ehren« anspricht. Er ist ernsthaft bemüht, die Geschehnisse des Tattages noch einmal zu schildern, soweit es ihm noch möglich ist. Beim Ablauf der Tat versagt seine Erinnerung jedoch ein paarmal. Der Richter hilft nach, indem er aus dem Polizeiprotokoll vorliest.

An Stimmen, die er in den Wochen und Tagen vor der Tat gehört habe, kann oder will er sich jetzt nicht mehr erinnern. Er verneint auch meine Frage, ob er in der Frau einen Dämon oder eine Hexe gesehen habe. Vielleicht hat er seine Empfindungen zur Tatzeit vergessen, eher wohl verdrängt. Er ist für mich immer noch ein Rätsel.

Zwei Zeugen, ehemalige Bekannte des Angeklagten, schildern dem Gericht ihre Eindrücke: Tarik E. habe zuletzt »ziemlich verwirrt« gewirkt. »Es geht mir so schlecht«, habe er zu einer Zeugin gesagt. »Wurde ihm denn nicht geholfen?«, fragt eine Geschworene nach. »Diese Frage müssen Sie nicht beantworten, sie tut nichts zur Sache«, erklärt der Richter dem Zeugen, nachdem diesem dazu nichts eingefallen war. »Es war ein sehr komischer Tag. Ein düsterer Himmel, eine düstere Stimmung ...«, erinnert sich eine Zeugin. »Ja, ein Tag, an dem ganz Schreckliches geschehen ist«, bemerkt der Richter lapidar, bevor er die Zeugin entlässt.

Nach den Zeugeneinvernahmen tragen die Sachverständigen ihre Gutachten vor, allen voran der Gerichtspsychiater: Obwohl der Angeklagte als zurechnungsfähig einzustufen sei, müsse aufgrund der schweren Persönlichkeitsstörung von einer »verminderten Impulskontrolle« ausgegangen werden. Während der Gerichtsmediziner in trockenen Worten die unzähligen schweren Verletzungen des Opfers aufzählt, reichen die Geschworenen einander die Tatortmappe weiter. Sie enthält kaum zu ertragende Bilder vom Fundort und der entstellten Leiche. »Sie bekommen diese Mappe für Ihre Beratung, sie gehört zum Akt«, beantwortet der Richter die Frage einer Geschworenen.

Tarik E. verharrt während der ganzen Zeit mit hochgezogenen Schultern vor dem Richtertisch. Demütig wirkt er dabei aber nicht, eher ein wenig trotzig. Doch er drückt sich respektvoll aus und scheint redlich bemüht, die an ihn gestellten Fragen wahrheitsgetreu zu beantworten. Die Frage nach dem »Warum« kann er freilich auch an diesem Tag nicht beantworten. Die Tat bleibt jenseits des Begreiflichen.

Die Verhandlung dauert bis in die späten Nachmittagsstunden. Am Schluss des Tages hat die Staatsanwaltschaft eine Überraschung parat: Die Anklage wird auch noch auf Vergewaltigung ausgedehnt.

* * *

Tags darauf schreiben die Journalisten erwartungsgemäß nicht über die schlechte Ausstattung der Verhandlungssäle, sondern schildern das Martyrium des Opfers in all seinen grausamen Details. Der Angeklagte wird als »Milchbubi« beschrieben, dem niemand ein derartiges Verbrechen zugetraut hätte.

Ich nutze den Tag zwischen den Verhandlungen, um die liegengebliebene Post zu erledigen.

Diesmal sind, wenig überraschend, wieder ein paar anonyme Briefe dabei. Sie trudeln immer dann in meiner

Kanzlei ein, wenn ein spektakuläres Verbrechen die Volksseele hochkochen lässt. Ein »Hobbypsychologe« ist überzeugt, dass die alte Frau nur deshalb sterben musste, weil mein Mandant sich angeblich in »seiner orientalischen Männerehre gekränkt« wähnte, und beschimpft mich mit Ausdrücken, die ich nicht wiedergeben will. In einem anderen Schreiben heißt es: »Sie sollten mit diesem Scheusal in eine Zelle geworfen werden!«

* * *

Am zweiten und letzten Verhandlungstag werden die Schlussplädoyers gehalten. Dann ziehen sich die Geschworenen zur Beratung zurück. Sie dauert immerhin fast drei Stunden, dann steht das Urteil fest: einstimmiger Schuldspruch wegen Mordes, Freispruch von der Vergewaltigung. Die Strafe wird gemeinsam mit den Berufsrichtern ausgemessen: fünfzehn Jahre Haft und Einweisung in eine Anstalt für geistig abnorme Rechtsbrecher. Das ist für einen jungen Erwachsenen die Höchststrafe, und der vorsitzende Richter erklärt in seiner Urteilsbegründung auch, warum er diese verhängt hat: »Ich bin seit mehr als zwanzig Jahren Richter und habe schon viel gesehen. Doch dieses Verbrechen ist beispiellos. Sie haben einen Menschen grausamst abgeschlachtet!«

Die vernichtenden Worte scheinen bei Tarik E. nicht angekommen zu sein. Er blickt den Richter ratlos an und kann über dessen Nachfrage auch nicht sagen, welche Strafe er soeben bekommen hat. Ich ersuche den Vorsitzenden, mich kurz mit dem Angeklagten zurückziehen zu dürfen, um ihm das Urteil zu erklären. Der Richter nickt, woraufhin Tarik E. von zwei Justizwachebeamten in ein Nebenzimmer geführt wird. Als er vor mir steht, blitzen seine dunklen Augen zornig: »Ich wollte eine normale Strafe! Und keine Einweisung in eine Anstalt!« Dann beginnt er leise zu weinen.

Seine Tränen lassen mich nicht kalt. Aber vielleicht sind sie auch ein gutes Zeichen: dafür, dass er langsam zu begreifen beginnt. Die Tragweite seiner Tat, den Schmerz, den er anderen damit zugefügt hat, und irgendwann vielleicht einmal sich selbst. Jede Therapie beginnt mit Aufarbeitung.

* * *

Der Ausspruch der Einweisung in eine »Anstalt für geistig abnorme Rechtsbrecher« bedeutet nicht, dass der Verurteilte in eine Sonderanstalt eingewiesen wird. Tarik E. wird seine Strafe vielmehr in einem normalen Gefängnis verbüßen, allerdings im sogenannten Maßnahmenvollzug: Er soll während der Haft psychiatrische und psychotherapeutische Behandlung erhalten. Die Praxis sieht leider anders aus: Die Strafgefangenen im Maßnahmenvollzug werden nur unzureichend therapiert, weil es der Justiz an finanziellen Mitteln und Personal fehlt. Doch der Vater von Tarik E. hat sich geschworen, ihn nicht im Stich zu lassen. Gemeinsam mit mir will er dafür sorgen, dass sein Sohn die Behandlungen bekommt, die er braucht, um seine psychische Erkrankung irgendwann einmal in den Griff zu bekommen. Ob sich die Gefängnistore für Tarik E. jemals wieder öffnen werden, hängt vom Erfolg dieser Behandlungen ab. Und von der Einschätzung der Gerichtspsychiater.

Böse Stimmen

Ein heißer Tag mitten im Hochsommer. Eine Polizeistreife fährt auf den Wiener Kahlenberg, als dem Beifahrer ein bunter Rucksack auffällt, der einsam am Fahrbahnrand liegt. Der Lenker drosselt die Geschwindigkeit, und plötzlich springt eine Frau aus dem Gebüsch. Sie winkt die Beamten zu sich. Als die Männer sie ansprechen, wirkt sie völlig verwirrt und stammelt: »Sie müssen mich festnehmen! Schauen Sie bei mir zu Hause nach, Sie werden etwas Furchtbares finden!« Der ältere Beamte zwinkert dem jüngeren zu: »Schon wieder eine Psychose!« Doch es ist ihre Pflicht, der Sache nachzugehen. Sie nehmen die Frau mit, um ihre Angaben zu überprüfen.

Noch im Polizeiwagen wird die Identität der Frau überprüft. Es handelt sich um die dreiundzwanzigjährige Rada S.

* * *

Rada ist siebzehn, als sie ihre erste große Liebe kennenlernt: Mark ist mit seinen achtzehn Jahren kaum älter als sie selbst. Bald ist sie schwanger, es wird ein Bub. Sie taufen ihn Manuel. Als Rada achtzehn ist, heiraten sie und ziehen in eine Zwei-Zimmer-Wohnung. Er arbeitet bei einer Spedition, sie als Verkäuferin, und die Oma passt gerne auf den kleinen Manuel auf. Aus dem herzigen Baby entwickelt sich ein aufgeweckter, hübscher Bub mit braunen Knopfaugen, den alle einfach nur liebhaben müssen. Familienidylle pur!

Wie es scheint, hat Rada ihr Glück gefunden. Mark jedoch fühlt sich zusehends eingeengt, und wohl auch überfordert in seiner Rolle als Ehemann und Vater. Er geht immer öfter abends alleine aus, und durch eine Freundin muss Rada erfahren, dass er mit fremden Frauen flirtet. Sie reagiert nicht wie andere Frauen mit Eifersuchtsanfällen. Sie wird immer schweigsamer, zieht sich in ihre Traurigkeit zurück. Als ihre Schlafstörungen unerträglich werden und sie nicht mehr arbeiten kann, geht sie zum Hausarzt. Er diagnostiziert eine Depression und verschreibt ihr Psychopharmaka. Rada versucht, das Scheitern ihrer Beziehung auf ihre Weise zu verarbeiten: Indem sie mit anderen Männern flirtet. Es tut ihr gut, und vielleicht wird Mark eifersüchtig und kümmert sich wieder um sie? Doch als er ihr auf die Schliche kommt, reagiert er anders als erwartet. Sie hat seinen Stolz getroffen. Er ist unversöhnlich und bringt die Scheidungsklage ein. Unter Mitwirkung des Richters kommt ein Scheidungsvergleich zustande. Manuel ist vier und bleibt bei seiner Mama.

Bald lernt Rada einen neuen Mann kennen. Nicht einmal ein Jahr nach ihrer Scheidung heiratet sie wieder. Doch ihr neuer Mann lässt sie viel alleine, fährt oft ins Ausland zu seiner Ex-Frau und seinem Sohn. Rada belastet das. Und dann ist da ihr Ex, der ihr zusehends Probleme wegen Manuel macht: Er will den Buben öfter sehen, sie muss aufs Pflegschaftsgericht, es kommt zu Verhandlungen, die ihr zusetzen. Rada ist überzeugt: Mark geht es nur darum, Druck auf sie auszuüben.

Sie beginnt, sich zu verändern. Kündigt ihren Job, fängt an, Cannabis zu konsumieren, interessiert sich plötzlich für Religion, ja sogar für »schwarze Magie«.

Dann bekommt sie eine Anzeige: Es ist wegen Manuel. Mark will rote Striemen am Körper seines Sohnes bemerkt haben und verdächtigt sie und ihren neuen Partner, ihn zu misshandeln. Rada erhält Besuch vom Jugendamt, sie bestreitet die Vorwürfe ihres Ex-Partners vehement. Ihr neuer Mann schwört Rache gegen Mark. Er ruft ihn an, beschimpft ihn wüst, bedroht ihn sogar. Rada steht hilflos daneben.

Nachdem das Jugendamt den Verdacht des Kindesvaters und Radas Rechtfertigung zu Protokoll genommen hat, passiert nichts.

Rada verspürt immer öfter eine starke innere Unruhe. Dann kommt es vor, dass sie »komische Sachen« macht, indem sie etwa die Kissen der Sitzgarnitur im Wohnzimmer aufschneidet. Sie fürchtet sich davor, dass ihr Mann auszucken wird, denn die Garnitur war teuer. Dann raucht sie ein paar Joints, und schon fühlt sie sich wieder entspannter.

Obwohl Rada sich gegen ein häufigeres Kontaktrecht des Kindesvaters sperrt, lässt sie Manuel immer öfter bei ihren Eltern. Manchmal wochenlang, und ohne sich nach ihm zu erkundigen. Radas Mutter liebt ihre Tochter, erkennt aber, dass es dem Buben bei ihr nicht gut geht, da sie mit dessen Erziehung völlig überfordert. Sie beantragt beim Jugendamt, das Sorgerecht auf die mütterlichen Großeltern zu übertragen.

* * *

Auszug aus der polizeilichen Einvernahme der Snezana V., Mutter von Rada S., vom 8. Juli: »*Manuel hatte immer Angst vor dem Stiefvater, da er ihn häufig geschlagen und auch in seinem Kinderzimmer eingesperrt hat. Es gab auch sichtbare Verletzungen wie Beulen auf dem Kopf. Manuel erzählte mir, dass er vom Stiefvater mit der Faust auf den Kopf geschlagen wurde. Meine Tochter hat aber immer gesagt, dass Manuel lügt. Im Vorjahr gab es aufgrund der Verletzungen von Manuel einen Termin beim Jugendamt. Ich wurde ebenfalls zu den Verletzungen befragt und machte dazu meine Angaben. Nach dieser Besprechung beim Jugendamt sagte mir Manuel, dass er mir nichts mehr von zu Hause erzählen darf. Ich hatte das Gefühl, dass er nicht glücklich war und auch nie nach Hause wollte.*«

Nachdem das Jugendamt die Bedenken der mütterlichen Großmutter zu Protokoll genommen hat, passiert – nichts.

* * *

Wäre man der Sache nachgegangen, hätte man vielleicht in Erfahrung gebracht, dass Rada S. rund ein Jahr vor der Vorsprache ihrer Mutter beim Jugendamt in die Psychiatrische Abteilung eines Sozialmedizinischen Zentrums der Stadt Wien eingewiesen worden war, wo sie zehn Tage verbrachte. Die Entlassungsdiagnose: »Schizophrenie«. Die Ärzte verschrieben ihr das Neuroleptikum[4] »Zyprexa«, das sie fortan regelmäßig einnehmen sollte.

Es ist fraglich, ob Rada S. die Medikamente regelmäßig eingenommen hat. Es gibt Zeiten, da wirkt sie ganz normal. Dann wieder scheint sie völlig abwesend zu sein. Als sie von einem zweiwöchigen Urlaub zurückkehrt, den sie bei Verwandten in Deutschland verbracht hatte, spricht sie unentwegt von schwarzer Magie. Der alarmierte Ehemann bringt sie zu einem Psychiater, der ihr neue Medikamente verschreibt: »Wenn Sie das nehmen, wird alles wieder gut!«

Rada weint jetzt sehr oft, vor allem dann, wenn sie mit Manuels Vater telefoniert. Wenn ihr Mann zu Hause ist, erklärt sie ihm: »Ich weine, weil ich ein schlechter Mensch bin.«

* * *

Boban S., Nachbar von Rada S., gegenüber der »Kronen Zeitung«: *»Seit einem halben Jahr, also seit zirka Jänner, hat man aus der Wohnung von Frau S. immer wieder lauten Streit gehört. Sie hat sich immer seltsamer verhalten. Hat immer große Sonnenbrillen getragen, hat extrem in sich gekehrt*

---

[4] Bezeichnung für ein antipsychotisches, sedierendes Medikament

gewirkt, Selbstgespräche geführt.«

* * *

Dieser Juli ist ein besonders heißer, später wird man von einem »Jahrhundertsommer« sprechen. Radas Aufenthalt in der Psychiatrie liegt ziemlich genau ein Jahr zurück. Für dieses Wochenende hat Rada mit ihrer Mutter ausgemacht, dass der inzwischen fünfjährige Manuel es bei der Oma verbringen soll. Als die Mutter jedoch am Samstagabend vorbeikommt, um den Buben abzuholen, lässt Rada sie nicht in die Wohnung. Stattdessen übergibt sie ihr ein Plastiksackerl. Die Mutter greift hinein, holt einen Parfümflakon und eine kleine Marienstatue heraus. Fragend schaut sie ihre Tochter an. »Ich will die Maria nicht mehr. Das ist nicht mehr mein Glauben!«, erklärt diese mit seltsam abweisendem Gesichtsausdruck. Der Mutter schaudert: »Aber das Parfüm habe ich dir doch erst vor einer Woche geschenkt, es ist doch dein Lieblingsduft?« Rada blickt eiskalt durch sie hindurch: »Dieser Duft hat mir Unglück gebracht!« Manuel steht unter dem Türrahmen. Die Oma hat ein paar neue T-Shirts für ihn mitgebracht, die sie der Tochter geben will. Rada faucht sie an: »Ich will das nicht, schenk sie jemand anderem.« Manuel beginnt zu weinen. Rada knallt die Türe zu.

* * *

Sonntag, 5. Juli. Es ist schon nach elf Uhr, Rada liegt immer noch im Bett. Manuel wird lästig, er will frühstücken und in den Park. Mittags kann sie sich endlich aufraffen. Während Manuel fröhlich neben ihr quengelt, verspürt sie plötzlich etwas noch nie Dagewesenes in sich. Es ist geradezu unheimlich: Sie fühlt sich mächtig. Mächtig wie Gott.

Es wird ein ganz normaler Sonntag im Park neben der Wohnhausanlage. Gegen drei Uhr nachmittags sind sie wieder zu Hause. Rada dreht den Fernseher auf, er steht in der Wohnküche. Nach einer Weile bemerkt sie, dass Manuel seltsame Sätze von sich gibt: Er erzählt ihr von den Zacken am Rücken eines großen Drachen, der in der Couch wohnen würde. Der Fernseher läuft weiter im Hintergrund, und plötzlich wird Rada bewusst, dass die Worte des Senders direkt an sie gerichtet sind. Der Fernseher spricht zu ihr! Das ist nicht neu für sie, in den letzten Wochen hatte sie von ihm immer wieder persönliche Botschaften und Aufforderungen erhalten. Diesmal verrät ihr der Fernseher, dass ihr Mann nur deshalb weggefahren sei, weil er zu seiner Ex-Frau zurückkehren wolle. Das schmerzt sie. Manuel ist schon wieder lästig. Sie schickt ihn in sein Zimmer. Wenig später ist er wieder in der Wohnküche. Er gibt jetzt zischende Geräusche von sich, als ob er eine Schlange wäre. Plötzlich kommt ihr der Gedanke: Das Böse, es ist in Manuel. Sie muss etwas tun, um es auszumerzen. Nur sie kann es tun, denn sie hat göttliche Macht.

Sie drückt mehrere Tabletten aus der Verpackung und stampft sie mit einem kleinen Messer zu einem weißen Pulver, das sie in ein Wasserglas streut und umrührt. Sie erfasst Manuel an der Schulter und hält ihm das Glas an den Mund. Er schluckt einmal, kotzt aber alles wieder aus. Dann gibt er wieder diese seltsamen Zischlaute von sich.

Jetzt nimmt sie ihn an der Hand, geht mit ihm ins Kinderzimmer und legt ihn ins zerwühlte Bettchen. Sie streichelt ihm über die Stirn, um dann mit einem Ruck seinen Mund aufzureißen und drei ganze Tabletten hineinzustopfen. Das überraschte Kind versucht sich zu wehren, doch sie hält ihm die Nase zu und zwingt es, die Tabletten hinunterzuschlucken. Seine Augen starren sie an, die Pupillen sind schwarz, schreckgeweitet, riesig. Sie streichelt seine Wange, flüstert ihm sanft ins Ohr: »Die Welt ist schlecht, jetzt kommst du an einen schönen Ort, ins Paradies ...« Die Wirkung des Medikaments setzt rasch ein, das Kind wird schläfrig, sein Körper entspannt sich. Die Bettwäsche ist mit bunten Autos bedruckt, sie sind rund und haben lustige Kulleraugen. Rada muss an den Nachmittag im Möbelhaus denken, als Manuel unbedingt diese Bettwäsche haben wollte. An seine leuchtenden Augen, als sie sein Bettchen damit überzogen hatte. Sie nimmt das bunte Kissen und drückt es fest auf Manuels Gesicht. Der Bub versucht sich wegzudrehen, strampelt kräftig mit den Beinen. Da packt sie ihn, dreht ihn auf den Bauch, drückt ihr Knie zwischen seine Schulterblätter, erfasst seinen schmalen Hals und drückt fest zu. Lange, sehr lange. Erst als er nicht mehr zappelt, lässt sie von ihm ab.

Sie geht in die Küche, um sich eine Zigarette anzuzünden. Der Fernseher ist noch immer eingeschaltet, und plötzlich erhält sie wieder eine Nachricht, die nur für sie bestimmt ist: »Von den Tabletten allein wird er nicht sterben!« Jetzt wird ihr klar, dass Manuel noch immer nicht tot ist, dass er wieder »auferstehen« wird. Sie geht in den Vorraum, nimmt ein Stanleymesser aus einer Lade, öffnet die Türe zum Kinderzimmer. Manuel liegt immer noch regungslos am Bauch. Sie dreht ihn um, schneidet seine Pulsadern durch und fügt ihm weitere Schnitte am Hals und in den Bauch zu.

* * *

Auszug aus dem gerichtsmedizinischen Sachverständigengutachten:

»Der fünfjährige Knabe ist infolge einer Medikamentenvergiftung in Kombination mit einem Erstickungsvorgang eines gewaltsamen Todes gestorben. Die anlässlich der chemisch-toxikologischen Untersuchung nachgewiesenen Wirkstoffe aus der Gruppe der Benzodiazepine sowie des Neuroleptikums ›Olanzapin‹, die sich mit der Gabe der vorgefundenen Medikamente erklären ließen, haben eine atemdepressive Wirkung, die nachgewiesenen Konzentrationen lagen dabei in einem Bereich, der selbst für Erwachsene als

tödlich einzustufen ist. Die Schnittverletzungen (...) waren oberflächlich geführt und haben zu keiner Beschädigung eines großen Schlagaderastes oder venösen Blutgefäßes geführt.«

* * *

Aus dem Protokoll der polizeilichen Einvernahme der Rada S. vom 8. Juli:

»*Nachdem ich Manuel mit dem Messer geschnitten hatte, wollte ich mir meine Pulsadern aufschneiden. Doch ich schaffte es nicht. Ich packte Schmerzmittel, Abführmittel und Psychopharmaka in einen Rucksack. Ich habe eine Decke über Manuels Leiche geworfen, weil ich den Anblick nicht ertragen konnte. Dann habe ich die Wohnung verlassen.*«

Rada S. kann sich nicht mehr erinnern, wie sie die folgenden Stunden verbracht hat. Die Polizei rekonstruiert später, dass sie sich unter falschem Namen in eine Frühstückspension am Stadtrand eingemietet hatte: »Ich war auf Zimmer 11 im ersten Stock und habe an die hundert Tabletten eingenommen. Ich wollte sterben. Ich habe in die Hose gemacht, von den Abführtabletten.« Am folgenden Tag lässt sie sich von einem Taxi auf den Kahlenberg fahren. Dort, wo sie einst mit ihrem Ex-Mann und Manuel unbeschwerte Stunden in der Natur verbracht hatte, irrt sie stundenlang ziellos umher, bis sie von einer Polizeistreife aufgegriffen wird.

* * *

Zum Zeitpunkt ihrer Verhaftung befindet sich Rada S. immer noch im Stadium einer akuten Psychose. Sie kommt deshalb nicht ins Gefängnis, sondern in die geschlossene psychiatrische Abteilung, wo ihr eine hochdosierte Therapie mit einer ganzen Palette von Neuroleptika verabreicht wird. Die Staatsanwaltschaft beauftragt einen psychiatrischen Sachverständigen, der die Frage beurteilen soll, ob sie zum Tatzeitpunkt zurechnungsfähig war. Drei Wochen nach ihrer Verhaftung ist sie wieder soweit ansprechbar, dass der Gutachter sie untersuchen kann.

Auszug aus dem gerichtspsychiatrischen Gutachten[5]: »*Zum Zeitpunkt der ersten gutachterlichen Untersuchung zeigt sich Frau S. bewusstseinsklar und allseits orientiert. (...) Es zeigen sich keine akuten Wahnsymptome mehr. Halluzinatorische Phänomene bestehen, durch die eingesetzte Medikation, nur mehr deutlich in den Hintergrund gedrängt. (...) Zusammengefasst besteht bei Frau S. zum Zeitpunkt der ersten gutachterlichen Untersuchung ein nach begonnener hochdosierter neuroleptischer[6] Medikation in beginnender Remission sich befindlicher Zustand im Rahmen einer Erkrankung des schizophrenen Formenkreises, mit ausgeprägt paranoid halluzinatorischer Symptomatik bei der Aufnahme.*«

* * *

Das Wiener Otto-Wagner-Spital besteht aus einer Ansammlung architektonisch beeindruckender Jugendstil-Pavillons innerhalb einer wunderschönen alten Parkanlage auf der Baumgartner Höhe. Die geschlossene Abteilung für Akutpsychiatrie ist gar nicht so leicht zu finden: Der von einer hohen Mauer umgebene Backsteinbau liegt einsam und versteckt am äußersten Rand der Anlage.

Abergläubische Menschen würden diesen Ort wohl als »verwunschen« bezeichnen, und tatsächlich ist hier auch für den unvoreingenommenen Besucher etwas Dunkles spürbar.

Rada S. ist ein einziges Bündel aus Verzweiflung, Angst und Hoffnungslosigkeit. Sie kauert verkrampft auf ihrem Sessel. Dunkle, flackernde Augen, filzige Haare. Ihre Hand bleibt bei der Begrüßung schlaff. Sie blickt teilnahmslos auf den Tisch,

---

[5] von Univ.-Doz. Dr. Karl Dantendorfer erstellt
[6] neuroleptisch: sedierend, antipsychotisch

als ich mich als ihre Anwältin vorstelle und ihr erkläre, dass der Gerichtspsychiater bei ihr eine Wahnerkrankung festgestellt hat. Er wird sie noch ein zweites Mal untersuchen, und dann hängt es von seinem Gutachten ab, ob sie für ihre Tat verantwortlich gemacht werden kann. Rada S. bekommt einen heftigen Weinkrampf und stammelt: »Mein Kind ist tot, ich will sterben ...« Sie bricht zusammen. Würde sie keine Medikamente erhalten, würde sie sich vermutlich umbringen.

Auszug aus dem gerichtspsychiatrischen Gutachten: *»Im Zuge der ersten gutachterlichen Untersuchung erfolgten die Schilderungen mit einer krankheitstypischen affektiven Distanziertheit. Im Zuge der zweiten gutachterlichen Untersuchung zeigt sich, wie zu erwarten war, eine extreme affektive Belastung. Die Stimmungslage ist hochgradig in den verzweifelt-depressiven-selbstentwertenden Bereich verschoben. Es bestehen ausgeprägteste Schuldgefühle. Die Befindlichkeit zeigt sich situationsadäquat ausgeprägt negativ-dysphorisch. Die Antriebslage zeigt sich im negativen Skalenbereich extrem gesteigert. Vom Vorliegen einer latenten Suizidgefährdung ist auszugehen.«*

* * *

Eine Woche vor der Verhandlung besuche ich meine Mandantin ein letztes Mal, um mit ihr alles noch einmal zu besprechen. Ihre großen, dunklen Augen wirken klar und gutmütig. Ihr Gesicht ist rund und ein wenig aufgedunsen, und ihre braunen Haare sind jetzt sorgfältig frisiert. Sie wirkt auffallend ruhig und verlangsamt, eine Folge der starken Medikamente. Ich erkläre ihr, dass die Staatsanwaltschaft keine Mordanklage erhoben hat: Das psychiatrische Gutachten habe ergeben, dass sie wegen ihrer Wahnerkrankung für ihre Tat nicht verantwortlich gemacht werden könne. Doch der Psychiater ist auch zum Schluss gekommen, dass sie derzeit als »hochgradig gefährlich« einzustufen sei. Deshalb hat die Staatsanwaltschaft einen Antrag auf Unterbringung in eine Anstalt für geistig abnorme Rechtsbrecher gestellt.

* * *

Auszug aus dem gerichtspsychiatrischen Gutachten über Rada S.: »*Unter Anwendung der Kriterien der Internationalen Klassifikation Psychischer Erkrankungen der WHO, ICD-10, ist das Krankheitsbild der Rada S. zu diagnostizieren als ›Paranoid halluzinatorische Schizophrenie F 20.0‹. Aufgrund der vorliegenden Informationen ist aus gutachterlicher Sicht davon auszugehen, dass zum Zeitpunkt der verfahrensgegenständlichen Tathandlung bei Frau S. ein unbehandeltes, akut psychotisches Zustandsbild im Rahmen der beschriebenen Erkrankung bestanden hat. (...) Zur Gefährlichkeitsprognose ist vorweg anzuführen, dass, nachdem die Patientin die Tragweite ihrer Tat erkannt hat, zum Zeitpunkt der gutachterlichen Untersuchung in erster Linie von einem extrem hohen Suizidrisiko auszugehen ist.*«

* * *

Der Prozess gegen Rada S. findet im November im großen Schwurgerichtssaal des Landesgerichtes für Strafsachen Wien statt. Es gibt keine Mordanklage, sondern einen Antrag auf Unterbringung in eine Anstalt für geistig abnorme Rechtsbrecher. Nach österreichischem Recht sind die Geschworenen bei der Beurteilung der Tat allerdings nicht an die Anklage gebunden. Sie könnten vielmehr auch zum Schluss kommen: Es war doch Mord. Immerhin wurde hier ein kleines, völlig wehrloses Kind von seiner eigenen Mutter getötet. Als ob er befürchten würde, dass sie sich dadurch in ihrer Einschätzung beeinflussen lassen könnten, veranschaulicht der Gerichtspsychiater den Laienrichtern wortreich die schwere psychische Erkrankung der Angeklagten.

»Rada S. ist keine Verbrecherin, sie ist krank«, resümiert er. Aber er stellt auch klar, dass die paranoiden Wahnvorstellungen und Halluzinationen bei einer Unterbrechung der Behandlung rasch wieder aufflackern würden. Eine Unterbringung sei daher unerlässlich.

Das Urteil der Geschworen fällt einstimmig aus: Rada S. wird in eine Anstalt für geistig abnorme Rechtsbrecher eingewiesen. Sie wird dort eine engmaschige Therapie erhalten. In jährlichen Abständen wird von Amts wegen überprüft werden, ob die Voraussetzungen für die Unterbringung weiterhin vorliegen.

* * *

Nach dem Urteil telefoniere ich mit Radas Mutter. Sie hat ihrer Tochter lange nicht verzeihen können. Mittlerweile hat sie aber verstanden, dass Rada krank ist. Schluchzend und in gebrochenem Deutsch erzählt sie mir, dass sie und ihr Mann zweimal beim Jugendamt vorgesprochen hätten, um die Verletzungen zu melden, die sie bei ihrem Enkel gesehen hatten. Sie ist überzeugt davon, dass es Radas Ehemann war, der den Kleinen geschlagen habe. Ihr Hass auf diesen Mann ist spürbar, sie gibt ihm an allem die Schuld.

Ich aber frage mich, warum das Jugendamt den Meldungen dieser Frau nicht nachgegangen ist. Lag es daran, dass sie eine einfache Frau mit schlechten Deutsch-Kenntnissen ist?

Kleiner Engel

Sie strahlt, fröhlich und unbekümmert, wie es nur ein unschuldiges Kind von fünf Jahren kann: »Mama, wo ist mein Teddybär?« Sie ist wunderschön. Mit ihren großen blauen Augen, dem fein geschwungenen Kindermund und den blonden Locken, in denen kleine silberne Sternchen aufblitzen. Sie trägt ein schneeweißes Kleidchen mit lustigen kleinen Bommeln – es ist das Schneeflöckchen-Kostüm vom Kindermaskenball! Doch was ist geschehen? Sie hat zu weinen begonnen! »Mein Engelchen, lass dich trösten von deiner Mama …« Sie richtet sich auf, um ihre kleine Tochter zu umarmen. Doch ihre Hände greifen ins Leere.

»Frau S., beruhigen Sie sich. Trinken Sie ein paar Schluck, ich gebe Ihnen eine Schlaftablette. Sie hatten wieder einen Albtraum …« Jemand tätschelt ihre Wange. Sie öffnet blinzelnd die Augen. Das kalte Licht der Neonlampe schmerzt. Die Krankenschwester sitzt neben ihr mit einem Glas Wasser. Auf dem Bett gegenüber liegt ein regungsloser Körper. Er ist in eine filzige Decke gehüllt, man sieht nur den Hinterkopf mit seinen kahlen Stellen zwischen dünnen, grauen Haaren. Es ist die alte Frau, die sie vorgestern eingeliefert haben. Sie hat den ganzen Tag gehustet, jetzt gibt sie keinen Ton mehr von sich. Eine Drogenschmugglerin soll sie sein, haben die Krankenschwestern erzählt.

Jana S. ist wieder da, in ihrem unwirklichen schwarzen Spielkabinett des Grauens. In der Wirklichkeit der Krankenstation der Justizanstalt Wien-Josefstadt.

* * *

3. August, gegen sechs Uhr abends. Ein weiterer heißer Tag in diesem extrem heißen Sommer geht langsam zu Ende. Jana geht mit der kleinen Maja über den Hof in Richtung des Supermarkts gegenüber dem Gemeindebau. Sie treffen auf Frau B., die nette alte Nachbarin von oberhalb. Jana grüßt sie wie immer distanziert-freundlich. Die kleine Maja jedoch ist gar nicht schüchtern, sie fragt die Nachbarin keck: »Und wo wohnst du?« Frau B. lächelt: »Das weißt du doch, einen Stock über euch! Und wie alt bist du?« Maja zeigt es stolz mit ihren Fingern: »Fünf!« Jana lächelt scheu und erklärt: »Sie hat bald Geburtstag!« Dann nimmt sie ihre Kleine bei der Hand, verabschiedet sich höflich und geht raschen Schrittes davon.

* * *

4. August, kurz vor halb sechs Uhr morgens. Von draußen dringt schon dämmriges Licht ins Wohnschlafzimmer der Fünfzig-Quadratmeter-Wohnung der Gemeinde Wien. Ein Tag wie jeder andere. Ivan, ihr Mann, ist schon im Bad. Jana steht auf und schlüpft in ihren praktischen Hausanzug aus hellblauem Jersey. Sie begibt sich in die kleine Küche, gießt Wasser in den Behälter der altmodischen Filterkaffeemaschine, nimmt einen Bogen Filterpapier aus der Verpackung, legt ihn in die Filtertasse. Dann öffnet sie den luftdichten Verschluss der Alu-Kaffeedose. Sie nimmt einen Löffel, taucht ihn in das dunkelbraune, duftende Pulver, befüllt die Filtertasse, drückt auf den Einschaltknopf. Während der Dampf gemächlich blubbert, schneidet sie zwei Scheiben vom Schwarzbrot und bestreicht sie mit Margarine. Dann nimmt sie ein Messer aus der Küchenlade. Es hat einen schwarzen Plastik-Griff und eine kurze, scharfe Klinge. Sie schneidet einen Apfel auf und legt die Spalten auf die Brote. Ivan kommt aus dem Bad, zieht sein auf dem Sessel bereitgelegtes Hemd über und setzt sich an den Küchentisch. Vor ihm steht der Teller mit den Frühstücksbroten und eine große

Tasse. Jana gießt den Kaffee hinein und stellt die Kanne auf die Warmhalteplatte zurück. Während sie neben der Anrichte lehnt, sieht sie ihm zu. Worte werden keine gewechselt, um diese Zeit hat keiner Lust zum Reden. Ivan frühstückt hastig, nach wenigen Minuten ist er fertig. Er erhebt sich, geht in den winzigen Vorraum, nimmt eine dünne Jacke von der Garderobe, sperrt die Eingangstüre auf und eilt ins Stiegenhaus. In einer halben Stunde muss er auf der Baustelle sein. Er arbeitet als Maurer bei einer Baufirma.

Es ist wieder still in der Wohnung. Das einzige Geräusch ist das Ticken der Wanduhr in der Küche. Ein billiges Ikea-Modell. Gelbes Plastik-Ziffernblatt, dicke schwarze Ziffern, roter Zeiger. Er zeigt kurz vor sechs. Der zwölfjährige Mischa und die vierjährige Maja schlafen noch. Sie werden nicht so schnell aufstehen, denn es ist mitten in den Sommerferien. Jana hantiert in der Küche, räumt die Teller weg. Geht ins Bad, um die Wäsche aus der Waschmaschine auszuräumen und in der Duschkabine aufzuhängen. Geht wieder in die Küche, öffnet das Fenster und schaut auf die Straße hinunter. Es ist schon taghell. Jemand steigt in ein Auto und fährt weg. Der rote Zeiger der Wanduhr zeigt kurz nach halb sieben. Sie gießt sich eine Tasse Kaffee ein, setzt sich wieder an den Küchentisch und blättert in einer Zeitung.

* * *

Mehr als zehn Jahre lebt sie nun schon in Österreich, und doch spricht sie nur gebrochen Deutsch. Ein paar Verwandte aus der Heimat leben auch hier, doch sie besuchen sich selten. Jeder lebt sein Leben. Österreichische Freunde hat sie keine. Die Nachbarn grüßt sie freundlich, geht dann aber lieber ihres Weges. Sie ist keine, die Kontakte zu anderen Menschen sucht. Sie bleibt lieber daheim und beschäftigt sich mit Haushalt und Familie.

In dem kleinen ukrainischen Städtchen, aus dem sie

stammt, hatte sie den Beruf der Schneiderin erlernt. Ihren späteren Mann Ivan hatte sie schon mit sechzehn kennengelernt. Der groß gewachsene Bursche hatte das kleine, scheue Mädchen mit dem weizenblonden Haar in der Schule angesprochen. Es dauerte ein bisschen, bis sie ein Paar wurden, Ivan fühlte sich noch zu jung für was Fixes. Als Söhnchen Mischa geboren wird, sind sie schon fast zehn Jahre liiert. Endlich heiratet Ivan sie. Das Paar zieht nach Wien, wo ein Teil von Janas Familie lebt. Ivan ist gelernter Maurer. Er hat jedoch noch keinen Aufenthaltstitel und muss die kleine Familie mit Schwarzarbeit durchbringen. Die Ehe hält den Belastungen nicht stand. Ivan zieht aus, lässt sie mit dem erst zweijährigen Mischa zurück. Am Papier bleiben sie verheiratet, doch Jana ist am Boden zerstört. Als Mädchen hatte sie immer von einer heilen Familie geträumt, mit zwei Kindern, einem Buben und einem Mädchen. Sie bleibt in Wien, findet eine Stelle als Putzfrau in einer Arztordination. Alleine gelassen fühlt sie sich noch fremder in dieser Stadt. So oft es geht, fährt sie in die Ukraine zu ihrer Familie. Nach zwei Jahren bekommt sie eine Gemeindewohnung, zwei Zimmer in Wien-Hernals. Ivan hält immer noch Kontakt zu ihr, schon wegen dem gemeinsamen Sohn. Mischa ist vier, als seine Eltern sich wieder versöhnen. Ivan zieht zu ihnen in die Gemeindewohnung, inzwischen hat er eine gute Arbeitsstelle am Bau gefunden. Man hat sein Auskommen. Doch so richtig heimisch werden die beiden nicht in Wien. Zumindest einmal im Monat fährt die kleine Familie ins ukrainische Galizien, wo Ivans Verwandtschaft lebt.

* * *

Mischa ist acht, als er ein Schwesterchen bekommt. Ein Wunschkind, vor allem für Jana. Die Eltern taufen es Maja.
    Jana gibt ihre Arbeitsstelle auf, um sich ganz ihrem Baby zu widmen. Maja ist nicht nur auffallend hübsch, sie ist auch ein

braves, ausgeglichenes Baby. Und sowas von fröhlich: Wenn man sie anblickt, strahlt sie übers ganze Gesicht.

Als Maja drei ist, muss Jana wieder arbeiten gehen, um das knappe Haushaltseinkommen aufzubessern. Doch die Stelle in der Ordination ist längst weg. Sie fragt herum, geht privat putzen, eine geregelte Arbeit findet sie jedoch nicht mehr. An jedem Monatsanfang hinterlässt Ivan das Haushaltsgeld am Küchentisch. Es ist ihre Aufgabe, es einzuteilen, für Essen, Miete, Kleidung und was sonst so anfällt. Es ist nicht leicht, doch sie kommt damit aus. Am meisten spart sie bei sich selbst. Sie braucht keine schicke Kleidung, und als ihre alten Winterstiefel aus dem Leim gehen, klebt sie sie mit Uhu-Stick wieder zusammen.

Ivan ist auch kein Verschwender, doch er legt Wert auf ein großes Auto. Da ist er typisch Mann. Aber er braucht es ja auch, schon wegen der häufigen Reisen in die alte Heimat. Das Benzin und die ständigen Reparaturen verschlingen ganz schön viel Geld. Jana stört das, aber sie sagt nichts. Sie will nicht streiten. Ihre Kinder sollen in einer harmonischen kleinen Familie aufwachsen. Ivan hingegen, der ist da anders gestrickt: Er kann schon mal laut werden, wenn es nicht in seinem Sinn läuft. Etwa damals, als Jana es verabsäumt hatte, die Raten für den Autokredit zu bezahlen. Die Leasingfirma kündigte daraufhin an, das Fahrzeug umgehend einzuziehen. Ivans Wutausbruch machte Jana klar, dass ihre Ehe auf dem Spiel steht. Sie konnte den Rückstand gerade noch zusammenkratzen.

* * *

Im letzten Winter war es das erste Mal aufgetreten: diese Enge in der Brust. Das beklemmende Gefühl, keine Luft mehr zu bekommen, auch wenn sie noch so tief durchzuatmen versucht. Gleichzeitig veränderte sich auch ihre Art, die Welt wahrzunehmen: Plötzlich waren da draußen nur mehr Leute, die sie beobachteten. Unbekannte, die ihr nichts Gutes wollten. Allmählich beginnt dieses seltsame Gefühl ihr Leben zu überschatten: Manchmal, wenn sie über den Hof geht, hört sie jemanden ihren Namen rufen. Sie dreht sich rasch um. Doch da ist niemand. Zurück in der Wohnung, verspürt sie den Zwang, überall nachzuschauen, hinter den Türen, in den Kästen. Um ganz sicher zu gehen, dass da niemand Fremder ist.

Sie spricht mit niemandem darüber. Ihr Mann muss hart arbeiten, sie darf ihn nicht mit ihren Problemen belasten. Ihre Hausärztin verschreibt ihr ein Antidepressivum, sie soll davon eine Tablette vor dem Schlafengehen einnehmen. Jana befolgt den ärztlichen Rat, schluckt allabendlich ihre Tablette. Nach drei Wochen hört sie wieder auf, weil die Tabletten nicht wirken. Sie hat den Beipackzettel nicht gelesen und weiß nicht, dass es mindestens drei Wochen braucht, bis die Wirkung einsetzt.

* * *

Bei den Tabletten fürs Abnehmen war es damals genauso gewesen. Jana hatte in einer Zeitschrift gelesen, dass sie Wunder wirken sollen. Obwohl das Zeug verdammt teuer war, hatte sie es sich in der Apotheke besorgt. Ivan durfte nichts davon wissen, die Anschaffung hatte ein ziemliches Loch im Haushaltsbudget hinterlassen. Dann hatte sie das Zeug wochenlang eingenommen, bis die Packung leer war. Die Wirkung war gleich null.

Jana ist längst nicht dick, doch die zweite Geburt hat ihre Spuren an ihrer Figur hinterlassen. Niemals würde sie sich jemandem anvertrauen, doch sie weiß es längst: Das zwischen ihr und Ivan ist nicht mehr so wie früher. Wenn er abends nach Hause kommt, lässt er sich auf die Couch fallen und schaltet den Fernseher ein. Ein paarmal hatte Jana sich getraut: Hatte sich auf der Couch an ihn gekuschelt. Sein

Körper jedoch fühlte sich hart und kalt an. Dann hatte sie versucht, ein Gespräch zu beginnen. Er hatte sie angesehen, als ob er durch sie hindurchblicken würde. Um sich dann wieder dem Fernsehprogramm zuzuwenden.

* * *

Sie aber, sie hören ihr zu. Die beiden läuten mindestens einmal in der Woche an ihrer Wohnungstüre, und Jana freut sich jedes Mal darauf, mit ihnen sprechen zu können: Die eine ist hager, grauhaarig und in fortgeschrittenem Alter, die andere um die fünfzig und hat aschblonde, mittellange Haare. Zwei unscheinbare, biedere Frauen, die jedes Mal eine Bibel dabeihaben, um mit Jana über Gott, das Jüngste Gericht und darüber zu sprechen, wie anständige Menschen in dieser schlechten Welt leben sollen. Sie weiß, dass es Zeugen Jehovas sind, doch sie lesen dieselbe Bibel wie die Katholiken, findet Jana. Sie war schon immer sehr gläubig gewesen. Der Glaube hilft ihr. Mehr als diese Tabletten von der Ärztin, findet sie.

* * *

Als der achtjährige Mischa seine Schwester das erste Mal gesehen hatte, war er augenblicklich verliebt gewesen. Er ist der fürsorglichste, liebste, beste große Bruder, den ein kleines Mädchen sich nur wünschen kann. Wenn Mischa ein neues Micky-Maus-Heft hat, liest er seiner Schwester daraus vor. Er erklärt ihr die Buchstaben, sie malt sie nach. Er ist stolz, ein Vorbild sein zu dürfen, für seine hübsche kleine Schwester.

Maja ist ein selbstbewusstes kleines Mädchen, das für ihr Alter ganz schön viel kann: Wenn sie die Bilder in den japanischen Mädchen-Comics betrachtet, zeigt sie auf einzelne Buchstaben, die sie erkennt, weil Mischa sie ihr erklärt hat. Sie kann wunderschön malen, am liebsten Katzen, in ihrer Traumwelt sind sie alle rosarot, ihre Lieblingsfarbe. Mamas Schminkkasten ist längst nicht mehr vor ihr sicher, und sie stibitzt gerne mal den Vorhangstoff, um sich damit als Prinzessin zu verkleiden. Niemand schimpft mit ihr, Mischa zwickt sie in die Seite, sie kreischt auf vor Freude. Jana sieht dem Treiben zu, lächelt müde. Sie muss sich eingestehen, dass Maja überhaupt nicht nach ihr gerät, abgesehen von den blonden Haaren. Jana war ein braves Mädchen gewesen, eine gute Schülerin, aber schüchtern und zurückhaltend. Sie ist die Älteste von vier Kindern, nach ihr kamen noch zwei Brüder und eine Schwester. Die hat sogar studiert, Jana weiß aber nicht, welches Fach.

* * *

Das Läuten an der Wohnungstüre reißt sie aus ihren Gedanken. Sie bleibt sitzen, es läutet nochmals. Diesmal länger, jemand hält offenbar seinen Finger fest an den Klingelknopf gedrückt. Es folgt heftiges Klopfen. Jana steht auf, geht zur Türe und öffnet. Draußen stehen zwei Männer. Sie kennt sie schon. Der eine zeigt ihr trotzdem seinen Ausweis und sagt mit fester Stimme: »Gerichtsvollzieher!« Der andere ist von der Gemeinde Wien.

Sie waren schon ein paarmal da gewesen. Wegen der Miete, besser gesagt: den Rückständen. Immer wieder waren Briefe, Mahnungen oder Schreiben vom Bezirksgericht gekommen. Jana hatte längst die Übersicht verloren, hatte die Zettel einfach weggeräumt, in eine Lade. Wenn sie dann wieder einmal vor der Tür gestanden waren, hatte Jana sich mit hilfloser Miene entschuldigt, um dann nach Geld in ihrer Börse zu kramen und zwei oder drei Hunderter zu bezahlen. Außerdem musste sie das Versprechen abgeben, den offenen Rest umgehend zu begleichen. Doch es war immer wieder etwas dazwischengekommen. Die Stromnachzahlung, die neue Zahnspange für Mischa, ein Todesfall in der Heimat. Der

Nachlass bestand ohnedies nur aus Schulden, trotzdem musste sie einen Notar beauftragen und bezahlen. Das mit der Miete hatte sie völlig verdrängt. Ihren Mann wollte sie nicht damit belasten, er musste hart für sein Geld arbeiten.

Und nun stehen sie wieder vor der Türe, die beiden Männer. Jana kramt in ihrer Geldbörse, doch findet nur ein paar Münzen. Da erinnert sie sich an die kleine Kartonschachtel im Unterschrank des Wohnzimmerverbaus. Sie bittet die Herren, kurz zu warten, und geht ins Wohnschlafzimmer. Mischa ist wach geworden. »Bleib noch ein bisschen liegen!«, flüstert sie ihm ins Ohr und nimmt die Scheine, die in der Schachtel zwischen Zetteln und Briefen stecken. Es sind dreihundert Euro. Sie geht wieder zur Wohnungstüre und hält den Männern das Geld hin.

»Frau S., das geht jetzt nicht mehr. Wir haben Ihnen schon mehrmals eine Chance gegeben. Doch Sie haben den Rückstand nicht bezahlt, und inzwischen sind auch noch die Mieten der letzten zwei Monate ausständig. Wir haben noch einen Termin auf einer anderen Stiege. Wenn wir dort fertig sind, kommen wir wieder zu Ihnen.« Janas Nervosität steigt, sie bettelt um einen weiteren Aufschub, und dann lässt sich der Herr von der Gemeinde doch erweichen und ruft seinen Vorgesetzten an. Doch der ordnet an, die Räumung durchzuziehen. Jana will es nicht wahrhaben, sie fleht die Männer an, doch diesmal bleiben sie hart. Sie beginnt laut zu schluchzen, es ist ihr jetzt egal, dass die Nachbarn alles mitbekommen. Plötzlich steht die kleine Maja neben ihr. Der Lärm hat sie aufgeweckt. Das Mädchen weint bitterlich. Der Herr von der Gemeinde gibt Jana die Telefonnummer des Jugendamtes, während der Gerichtsvollzieher eine Kartonschachtel vor die Wohnungstüre stellt: »Bitte räumen Sie darin Ihre Dokumente und das Allernötigste ein. Der Möbelwagen steht schon unten!« Da fällt Jana händeringend auf die Knie. Mit den Worten »Wir sind in zwanzig Minuten wieder da!« verabschieden sich die Männer. Jana bleibt zurück, immer noch vor der Wohnungstüre kniend, mit drei zerknüllten Hunderterscheinen in der verkrampften Hand. Neben ihr steht ihr weinendes kleines Mädchen.

Auch Mischa ist von den fremden Stimmen aufgeweckt worden. Er schaut aus dem Fenster und sagt: »Mama, da unten ist ein großer Lastwagen, direkt vor dem Hauseingang!« Jana richtet sich auf und geht wortlos in die Küche. Die gelbe Ikea-Uhr zeigt 7.05 Uhr. Sie lehnt sich an die Anrichte und schaut aus dem Fenster auf die gegenüberliegende graue Hausfassade. Ein paar Tauben kauern geduckt auf dem Gesims. Als sie sich umdreht, sieht sie, dass Maja neben ihr steht und sie aus verweinten Augen anschaut. Auf der Anrichte liegt noch das kleine Messer mit dem schwarzen Plastik-Griff, mit dem sie vorhin den Apfel aufgeschnitten hat. Sie ergreift den Griff, dreht das Kind um, sodass es mit dem Rücken zu ihr steht, legt ihre Hand über seine Stirn, während sie mit der anderen auf den schmalen Brustkorb einsticht. Einmal, noch einmal, immer wieder. Es sind heftige, mit voller Wucht geführte Hiebe.

»Mama, Mama, Mama!« Das Kind schreit, windet sich unter den Stichen, doch Jana hält es fest. Ein Stich trifft mitten ins Herz. Das Kind sackt zusammen. Jetzt liegt es leblos am Boden. Plötzlich steht Mischa vor ihr. Seine Augen sind weit aufgerissen, er brüllt: »Mama, was hast du mit meiner Schwester gemacht?« Sie packt ihn an der Schulter, doch er kann sich losreißen und stürmt aus der Wohnung. Seine lauten Schreie gellen im Stiegenhaus. Eine Nachbarin wundert sich: »Das ist doch so ein wohlerzogener Bub, wieso benimmt er sich plötzlich so ungehörig?« Im Parterre wohnt Familie C. Mischa pumpert an deren Türe, läutet Sturm. Frau C. öffnet, sieht den Buben, der völlig außer Atem ist: »Meine Mama hat meine Schwester umgebracht!« Frau C. ruft die Polizei.

Als die Beamten eintreffen, sitzt Jana auf der Wohnzimmercouch. Sie blickt apathisch zu Boden. Ihre Hände umklammern immer noch krampfhaft den Griff des kleinen Messers. Sie lässt sich widerstandslos festnehmen. Ehemann Ivan erfährt erst zwei Stunden später auf seiner Arbeitsstelle, was geschehen ist. Er hatte keine Ahnung gehabt, dass an diesem Tag die Wohnung geräumt hätte werden sollen.

* * *

»Ich habe dann einen Schrei gehört und ein Geräusch, als ob meine Schwester keine Luft bekommt. Ich rannte aus dem Zimmer und sah meine Mutter in der Küche mit einem Messer. Das Messer war voller Blut. Blut tropfte herunter, und der Teppich war auch voller Blut. Meine Mutter hat sich mir mit dem Messer in der Hand genähert. Dabei hat sie böse gelacht. Ich bin aus der Wohnung gerannt und habe im Stiegenhaus um Hilfe gerufen. Dann bin ich nochmals in die Wohnung, da ich mein Handy holen wollte, um meinen Vater anzurufen. Die Tür war offen. Ich konnte sehen, wie meine Mutter mit dem Messer in der Hand durch die Wohnung gegangen ist. So als ob sie auf mich warten würde. Ich kann die Tat meiner Mutter nicht verstehen.« Am Schluss des Protokolls findet sich der Vermerk: *»Die Frage, ob die Mutter bereits zuvor gewalttätiges Verhalten gezeigt hätte, verneint der Zeuge. Er gab an, dass sie gestern Nachmittag im Park waren und fröhlich gespielt haben.«*

Die Emotionslosigkeit, mit der der dreizehnjährige Mischa S. die Tat seiner Mutter beschreibt, ist typisch für Menschen, die unter schwerem Schock stehen.

* * *

Mischa sitzt neben seinem Vater am Wohnzimmertisch. Es tut weh, in die traurigen Augen dieses hübschen Buben sehen zu müssen. Wir sitzen in der Wohnung von Verwandten, die wissen wollen, wie es mit meiner Mandantin weitergeht. Ich erkläre Mischa, dass er als Sohn ein Entschlagungsrecht hat. Nein, er will nicht gegen seine Mutter aussagen. In diesem Fall darf seine polizeiliche Aussage vor Gericht nicht verwertet werden. Ivan S., ein groß gewachsener, nicht unattraktiver Mann, streicht mit seinen kräftigen Arbeiterhänden über den Kopf seines Sohnes. Während meiner Anwesenheit in der Wohnung spricht er kein einziges Wort. »Mein Papa kann kein Deutsch!«, erklärt mir Mischa.

* * *

Das von der Tatortgruppe sichergestellte Messer weist eine Klingenlänge von 11 Zentimetern auf. Wie der Gerichtsmediziner später feststellt, hat Jana S. damit insgesamt neunmal auf ihre Tochter eingestochen: *»Nach Abschluss der Obduktion wurde folgendes Ergebnis mitgeteilt: Je 2 Stiche in Hals und Brust, 1 Stich im Kinn, weiters noch kleinere, leichtere Schnitt- und Stichverletzungen im Hals- und Kinnbereich. Todesursache ist Verbluten und Einbluten in den Herzbeutel.«*

* * *

Diese unscheinbare Frau hat ihre Tochter erstochen. Mit diesen Händen, so klein, dass sie zu einem Mädchen gehören könnten ... Das waren meine Gedanken, als ich Frau Jana S. zum ersten Mal im Gefängnis gesehen habe. Doch ich weiß, man sieht es den Menschen nicht an, auch wenn sie noch so schwere Verbrechen begangen haben. Ich habe eine Dolmetscherin mitgenommen, eine ältere Dame. Sie hat eine mütterliche Ausstrahlung, vielleicht tut das meiner Mandantin gut.

Ihre hellen Augen sind leer und scheinen durch mich hindurch zu blicken. Die Hoffnungslosigkeit, die von ihr ausgeht, ist beinahe körperlich spürbar. Sie weint nicht. Sie bedankt sich, dass ich gekommen bin. Ihre Stimme ist so leise, dass ich sie durch die Trennscheibe kaum verstehen kann. Dann blickt sie schweigend auf die Tischplatte. Sie hat das Ungeheuerliche ihrer Tat längst noch nicht erfasst. Sie wirkt verlangsamt, es sind die starken Psychopharmaka. Sie ist hier in der Krankenabteilung untergebracht. »Ich soll Ihnen von Mischa, Ihrem Sohn, ausrichten, dass er sie immer noch liebhat«, erkläre ich ihr. Daraufhin bricht sie in Tränen aus.

Wie klein sie doch ist, fällt mir bei der Verabschiedung auf. Sie muss neben ihrem groß gewachsenen, kräftigen Ehemann regelrecht untergegangen sein. Warum hat sie mit ihm nicht über die Mietschulden gesprochen, frage ich mich. Warum hatte sie so Angst davor, ihm die Wahrheit zu sagen? Aus Angst, ihn zu verlieren?

* * *

Wegen der latenten Suizidgefahr bleibt Jana bis auf weiteres in der Krankenabteilung, und niemals alleine. Sie erhält starke Antidepressiva und Schlafmittel. Doch sie reichen nicht aus, um die heftigen Albträume einzudämmen, die sie jede Nacht heimsuchen.

In den ersten Wochen nach der Einlieferung kann sie nur bei eingeschaltetem Radio schlafen. Wenn es still ist, erzählt sie mir, habe sie das Gefühl, dass fremde Leute aus den Wänden herauskommen und im Zimmer hin und her gehen. Und dann, irgendwann in der Nacht, wie aus dem Nichts, sei sie auf einmal wieder da: Maja. Sie trägt ihr weißes Schneeflöckchen-Kostüm vom Kindermaskenball, tänzelt um das Bett herum, bleibt stehen, schaut ihrer Mama ins Gesicht. Manchmal lächelt sie. Aber meist sind es traurige Kinderaugen, die ihr aus einem totenblassen Gesichtchen entgegenblicken.

* * *

Der Fall schlägt Wellen in den Medien. Reporter strömen aus, um die Nachbarn zu interviewen. Eine Nachbarin erinnert sich an die Begegnung am Vortag der Tat, als Maja ihr mit der Hand gezeigt hatte, dass sie bald fünf Jahre alt wird. »Die Frau war doch immer so lieb zu den Kindern, ich kann das nicht verstehen ...«, erzählt sie einem Fernsehreporter und wischt sich Tränen aus den Augen. Alle berichten, dass Jana eine gute Mutter gewesen sei. Die Kinder seien wohlerzogen gewesen, hätten immer freundlich gegrüßt, seien hilfsbereit gewesen. Jeder fragt nach dem »Warum?«

Um der Antwort auf die Spur zu kommen, beantragt der Staatsanwalt die Einholung eines gerichtspsychiatrischen Gutachtens.

* * *

Meine Mandantin will unbedingt zum Begräbnis ihrer Tochter ausgeführt werden. Als ich ihr erkläre, dass das nicht möglich ist, schaut sie mich mit ihren leeren, ausdruckslosen Augen an. Sie wird wohl noch lange brauchen, um die ganze Tragweite ihrer ungeheuerlichen Tat zu erfassen. Und sich selbst, wird sie sich jemals verstehen können?

»Wie lange werde ich sitzen müssen?« Diese Frage stellt sie mir in deutscher Sprache, und sie irritiert mich ein wenig: Würde mich das interessieren, an ihrer Stelle? Ein Leben danach, käme das für mich überhaupt noch in Frage, nachdem mein Kind durch meine Hand gestorben ist? Sogleich verwerfe ich solch düstere Gedankenspiele: Nein, ich will es mir erst gar nicht vorstellen, wie das wäre! Meine Mandantin ist psychisch krank, und das psychiatrische Gutachten wird das sicherlich bestätigen ...

* * *

Ende November liegt das Gutachten vor. Das Ergebnis: Jana S. leidet unter keiner Geisteskrankheit. Sie habe, führt die Gutachterin aus, ihre Tat nicht aus einem Wahn heraus begangen. Sie habe keine Stimmen gehört, die ihr Derartiges befohlen hätten. Sie habe ihr Kind auch nicht im Zuge von Misshandlungen getötet, oder deshalb, weil es unerwünscht gewesen wäre. Oder weil sie sich am Partner rächen habe wollen. Die Ursachen dieser Tat seien vielmehr in der Persönlichkeitsstruktur dieser Frau zu suchen. Jana S. sei jemand, der »*Probleme und Konflikte gerne an den Rand ihrer bewussten Wahrnehmung schiebt.*« Jana S. ist ihren Problemen nicht nur aus dem Weg gegangen, sondern hat sie verdrängt, bis hin zur Verleugnung. Sie hat gehofft, dass sie das Problem mit dem Mietzinsrückstand weiterhin hinausschieben würde können, indem sie dem Gerichtsvollzieher ein weiteres Mal ein paar Hunderter in die Hand drückt. Aber diesmal ist er hart geblieben. Es gab keine Ausflüchte mehr. Kein Ausweichen, kein Entrinnen mehr. Am Abend würde ihr Mann von der Arbeit heimkommen und eine leere Wohnung vorfinden ... Sie, die vermeintlich gute Ehefrau und Mutter, entlarvt für immer. Welch entsetzliches Szenario, jenseits des Vorstellbaren für diese biedere, einfache Frau.

* * *

§ 75 des Strafgesetzbuches (StGB) lautet: »*Wer einen anderen tötet, ist mit Freiheitsstrafe von zehn bis zu zwanzig Jahren oder mit lebenslanger Freiheitsstrafe zu bestrafen.*« Dabei ist es nicht erforderlich, dass es dem Täter darauf ankommt, jemanden zu töten. Im österreichischen Strafrecht reicht es aus, wenn jemand den Tod des anderen ernstlich für möglich hält und sich damit abfindet – man bezeichnet das als »Eventualvorsatz«.
Da Jana S. von der psychiatrischen Sachverständigen als zurechnungsfähig eingestuft wurde, erhebt die Staatsanwalt-

schaft Anklage wegen Mordes.

* * *

Die Hauptverhandlung findet an einem trüb-kalten Tag Ende Jänner statt.

Als ich kurz vor neun Uhr eintreffe, hat sich bereits eine große Menschenmenge vor dem Schwurgerichtssaal angesammelt. Alle wollen die Frau sehen, die vor wenigen Monaten ihr Kind erstochen hat. Und alle wollen nur das eine wissen: Warum? Warum hat sie es getan, wie konnte sie das tun, warum nur?

Sie wird erst vorgeführt, nachdem die Zuschauer im Saal Platz genommen haben – beziehungsweise gerade noch einen Stehplatz ergattert haben. Denn das Publikumsinteresse an diesem Prozess ist so gewaltig, dass die Sitzplätze längst nicht ausreichen. Sie hält sich eine dünne Mappe vors Gesicht, um sich vor dem Blitzlichtgewitter zu schützen. Als ich sie so verloren dastehen sehe, empfinde ich Mitleid mit dieser kleinen, in den letzten Monaten um Jahre gealterten Frau. Ihr Mann ist nicht da, er ist mit Sohn Mischa in die Ukraine gefahren. Um dem Rummel auszuweichen, wie Jana S. mir erklärt hat. »Bald ist es vorbei ...«, flüstere ich ihr ins Ohr, bevor ich mich auf den Verteidigerplatz setze.

Der Prozess verläuft sachlich und ruhig. Alle Zeugen sagen aus, dass die Angeklagte eine liebevolle Mutter gewesen sei: »Maja war ihr Sonnenschein!«, sagt eine Nachbarin. »Sie nannte sie Prinzessin!«, erklärt eine andere. Der Gerichtsvollzieher betont, dass die Angeklagte sich nicht aggressiv verhalten habe, im Gegenteil: »Sie war unterwürfig, ist vor uns auf die Knie gefallen.«

Jana S. sitzt da und weint. Ich habe das Gefühl, dass sie gar nicht zuhört.

Der Gerichtsmediziner beschreibt mit kühler Stimme die zahlreichen Verletzungen des Kindes. Er schließt kurz und bündig: »Das Kind hatte absolut keine Überlebenschance.« Vor ihm liegt eine Mappe mit Farbfotos: Sie zeigen das tote Kind auf dem Seziertisch. Die Geschworenen werden diese Bilder dabeihaben, wenn sie über Schuld und Strafe beraten.

Am Schluss erläutert die gerichtspsychiatrische Sachverständige ihr Gutachten: Dadurch, dass Frau S. über Monate und Jahre hindurch all ihre Probleme verdrängt habe, sei ihr innerer Druck immer stärker geworden. Bis sie sich an diesem Morgen im August in einer Situation wiedergefunden hat, in der es keinen Ausweg und keine Ausflüchte mehr gegeben hat. Es war eine extreme emotionale Ausnahmesituation, in der das Quengeln der kleinen Tochter als »*geringfügige, zusätzliche Irritation*« dafür ausgereicht habe, dass die hochgradige Anspannung explosionsartig in enorme Aggression umgeschlagen sei. Der berühmte »Tropfen auf dem heißen Stein« also ...

Jana S. sitzt weinend da und versteht überhaupt nichts von dem, was die Psychiaterin den Geschworenen erklärt. Sie verzichtet darauf, dass man es ihr in ihre Muttersprache übersetzt.

Kurz vor zwölf Uhr mittags ist man fertig mit den Zeugen und Sachverständigen. Jetzt ist wieder der Staatsanwalt an der Reihe. In seinem Schlussplädoyer betont er, dass der Mord an einem Kind eine harte Strafe nach sich ziehen müsse. Erschwerend komme hinzu, dass der minderjährige Bruder des Opfers die Tat miterleben habe müssen. Der Bub werde dieses Trauma niemals überwinden, betont der Ankläger mit mahnender Stimme.

Mein Plädoyer hingegen schließt mit den Worten: »Jana S. hat diese Tat nicht begangen, weil sie eine grausame, böse Mutter war. Im Gegenteil: Sie hat ihr Kind über alles geliebt.«

* * *

Die Geschworenen brauchen für ihre Beratung knapp über eine Stunde. Das Urteil: Schuldig im Sinne der Anklage. Jana S. wird zu einer Freiheitsstrafe in der Dauer von fünfzehn Jahren verurteilt.

Abends stöbere ich in den Internet-Medienberichten über meinen heutigen Prozess. In manchen Leser-Postings ist die »Stimme des Volkes« zu vernehmen: »Viel zu milde! Eine Frau, die ihr Kind umbringt, gehört lebenslang weggesperrt!«

* * *

Am Tag danach besuche ich Jana S. mit der Dolmetscherin. Schon an ihrem starren Blick und den langsamen Bewegungen erkenne ich, dass sie hochdosiert mit Psychopharmaka vollgepumpt ist. Es stimmt mich traurig, dass ich wohl niemals Zugang zu dieser verschlossenen kleinen Frau finden werde. Es ist, als ob sie auf einem fernen, einsamen Planeten leben würde.

Sie will keine Berufung. Sie ist in sich gegangen und zum Schluss gekommen, dass eine weitere Verhandlung sie zu sehr belasten würde.

Nach ihrem Mann frage ich sie lieber nicht mehr.

* * *

Ein kleines Richterzimmer in einem Wiener Bezirksgericht. Aus den offenen Fenstern dringt Vogelgezwitscher. Es ist Mai geworden, und heute ist ein besonders schöner, sonniger Tag. Inzwischen verbüßt meine Mandantin ihre Haftstrafe in einem Frauengefängnis. Gestern jedoch wurde sie nach Wien überstellt, wegen der heutigen Verhandlung. Nachdem die Justizwachebeamten ihr die Handschellen abgenommen haben, nimmt sie neben mir Platz. Sie hat sich kaum verändert. Vielleicht ein bisschen zugenommen. Und da ist immer noch derselbe Blick aus tieftraurigen Augen. Als ich sie frage, wie es ihr im Gefängnis geht, antwortet sie nur: »Gut.« Sie wirkt erstarrt in ihrer Trostlosigkeit.

Inzwischen haben zwei Männer auf der anderen Seite des Richtertisches Platz genommen: Der eine ist Ivan S., der Ehemann meiner Mandantin. Der Halbwüchsige neben ihm hat ein hübsches, noch recht kindliches Gesicht. Sein Blick zeigt eine Mischung aus Schüchternheit und Trotz. Es ist derselbe Junge, der vor vielen Monaten jene Bitte an mich herangetragen hatte, die mich so berührte: »Bitte, sagen Sie meiner Mama, dass ich sie liebhabe!« Heute klammert sich seine kleine Hand fest an den Arm des Vaters. Seine Mutter hat er seit Monaten nicht mehr gesehen.

»Sie hat meine Schwester umgebracht. Ich bin mir sicher, dass sie auch mich töten wollte. Ich will sie nicht mehr sehen.« Er hat eine weiche Stimme, umso härter ist die Wirkung seiner Worte. All meine Bemühungen, dem Buben zu erklären, dass seine Mutter nicht böse, sondern krank ist, bleiben vergeblich. Der Richter erweist sich als einfühlsam, aber er muss den Willen des inzwischen Vierzehnjährigen respektieren: »Frau S., Taten ziehen nun mal Konsequenzen nach sich. Das müssen Sie akzeptieren.« Er wird unseren Antrag auf Einräumung eines Kontaktrechts abweisen müssen.

Nach Schluss der Verhandlung werden meiner Mandantin wieder die Handschellen angelegt. Währenddessen verlässt ihr Sohn mit dem Vater wortlos das Zimmer. Ich spüre förmlich die schmerzliche Sehnsucht meiner Mandantin, ihren Sohn umarmen zu dürfen, doch das ist unmöglich. »Ich liebe dich und werde immer auf dich warten!«, ruft sie ihm nach.

Das Gericht wird dem Vater auftragen, Mischa einer Psychotherapie zu unterziehen, um sein furchtbares Erlebnis aufarbeiten zu können.

Unschuldsvermutung

Das kräftige Rütteln an ihren Schultern reißt sie aus dem Schlaf. »Aufstehen!« Das grelle Licht der Deckenlampe schmerzt in ihren Augen. Harald steht breitbeinig vor dem Bett. Er ist angezogen und blickt sie eindringlich aus seinen stahlgrauen Augen an: »In dieser Nacht muss alles über die Bühne gehen!« Sie wagt einen verstohlenen Blick auf den Wecker: Es ist kurz vor halb zwei Uhr morgens.

* * *

Marlies hatte nie Glück im Leben gehabt. Schon gar nicht bei den Männern. Der Vater ihres Sohnes hatte das pummelige Mädchen noch vor der Geburt des Kindes verlassen, um nach Amerika auszuwandern, wie er vorgab. In Wirklichkeit zog er bloß nach Wien, wo er eine andere kennengelernt hatte. Die Leute tuschelten hinter ihrem Rücken. In dem kleinen Dörfchen im Waldviertel, in dem sie lebte, galt es damals für eine Frau immer noch als Schande, mit einem Kind sitzen gelassen zu werden. Dazu kam der Existenzdruck, sie musste um die Alimente kämpfen und sich mit Putzarbeiten durchschlagen, um sich und den Kleinen durchzubringen. Doch sie ließ sich nicht unterkriegen, ging trotzdem gerne aus – und verliebte sich wieder. Der sympathische Kellner entpuppte sich alsbald als Alkoholiker. Trotzdem hielt sie zu ihm. Jahrelang, bis er an Leberzirrhose verstarb. Es folgten ein Beamter, der sein Gehalt im Casino verspielte, und ein fescher Finanzberater, dessen Pleite sie viel Geld kostete. Nach jedem Beziehungs-Aus schwor sie sich: »Zu mir kommt kein Mann mehr ins Haus!«

Inzwischen war sie zweiundfünfzig. Sie war nicht mehr pummelig, sondern drall. Das mit dem Abnehmen war so eine Sache, sie hielt keine Diät durch. Halb so schlimm, tröstete ihre Freundin sie, die Männer würden Frauen bevorzugen, die ihnen etwas »zum Anfassen« bieten. Sie lebte immer noch in dem Dörfchen im Waldviertel, inzwischen in einer kleinen Genossenschaftswohnung. Seit einiger Zeit war sie arbeitslos. Sie fühlte sich ausgelaugt, die schwere körperliche Arbeit hatte ihren Tribut gefordert. Sie litt unter chronischen Schmerzen in der Wirbelsäule.

Es war ein trüber Sonntag im November. Jener Monat, der sich im nebelverhangenen Waldviertel besonders aufs Gemüt schlägt. In dieser melancholischen Stimmung beschloss Marlies, es noch einmal zu versuchen. Schaltete ihren PC ein, googelte nach der Online-Partneragentur, die ihre Freundin ihr vor ein paar Tagen ans Herz gelegt hatte, und meldete sich an.

Auf diese Weise trat Harald in ihr Leben.

* * *

»Es ist so weit. In dieser Nacht muss alles über die Bühne gehen …« Marlies ahnt, was Harald mit diesen Worten meint. Doch sie wagt nicht, ihm zu widersprechen. Er ist so aggressiv drauf, dass sie besser tut, was er sagt. Hastig zieht sie sich an. »Wir fahren mit deinem Auto! Und die Handys bleiben zu Hause«, befiehlt er, bevor sie gemeinsam das Haus verlassen und zum Parkplatz gehen. Marlies fröstelt. Es ist eine kalte, sternlose Nacht. »Du fährst, ich habe getrunken!«, herrscht er sie an und setzt sich auf den Beifahrersitz ihres Kia Picanto. Mit zittrigen Fingern startet sie den Motor des Kleinfahrzeugs. Nachdem sie losgefahren sind, macht er ihr klar: »Wir fahren nicht auf die Autobahn auf. Da gibt es Kameras!« Harald dirigiert sie auf die unbeleuchteten Landstraßen, Marlies verliert bald die Orientierung. Während der ganzen

Fahrt spricht er kein einziges Wort. Sie wagt es nicht, ihn anzublicken. Ihre heimlichen Gedanken kreisen um eine einzige Hoffnung: »Vielleicht ist sie gar nicht zu Hause. Es ist Samstag, da ist sie oft länger aus, hat er mir gesagt. Hoffentlich auch diesmal …«

* * *

»Ein Bär von einem Mann!« Diese Worte waren ihr bei ihrem ersten Treffen mit Harald spontan eingefallen. Groß gewachsen, über ein Meter neunzig, wog er sicher weit mehr als hundert Kilo. Mit seinem schütteren grauen Haar und der ledrigen Haut eines Rauchers war der Zweiundfünfzigjährige zwar in optischer Hinsicht nicht ihr Traummann, doch er war charmant, hatte ein gutes Auftreten – und war ein erfolgreicher Transportunternehmer, wie er ihr beim ersten Date erzählte. Das imponierte ihr. Endlich mal kein Versager!

Das Transportunternehmen entpuppte sich letztlich als kleiner Imbissstand mit Lieferservice, was Marlies' Bewunderung aber keinen Abbruch tat: Harald war gelernter Gastronom, wie sie inzwischen wusste, und hatte zweifellos das Zeug zum erfolgreichen Unternehmer. Er hatte bisher offenbar einfach nur Pech gehabt: Vor ein paar Jahren hatte er ein großes Hotel betrieben. Ein paar schlechte Saisonen hatten ihn in hohe Schulden gestürzt, es folgten Pfändungen bis aufs Existenzminimum, Finanzstrafverfahren, Konkurs. Zu viel für seine damalige Ehefrau, sie verließ ihn mit den beiden Kindern. Doch Harald ließ sich nicht unterkriegen vom Schicksal. Er war ein Stehaufmännchen, und schaffte es, wieder etwas auf die Beine zu stellen. »Truck Stop« hieß der Neubeginn: ein kleiner Imbissstand, nur wenige Kilometer von einer Autobahn-Abfahrt entfernt, am Rande einer beschaulichen niederösterreichischen Ortschaft.

Dort lernte er wenig später Gertraud kennen. Blond, fesch, ein paar Jahre älter als er und geschieden. Frisörin von Beruf, mit eigenem Salon. Sie bewohnte ein schönes, sonnengelb bemaltes Einfamilienhaus an der Hauptstraße des Ortes. Ganz alleine – ein Verkehrsunfall hatte ihren erst sechsundzwanzigjährigen Sohn kürzlich auf tragische Weise aus dem Leben gerissen. Harald, dieser Bär von einem Mann, stand ihr in dieser schweren Zeit zur Seite. Da Gertraud sich alleine in dem großen Haus unwohl fühlte, gab Harald seine Wohnung in Wien auf und zog zu ihr.

Der Imbissstand warf gute Einnahmen ab, und das brachte Harald auf eine neue Geschäftsidee: ein Lieferservice. Allerdings benötigte er Geld für seine Investition, und so kam es, dass Gertrauds Haus mit einer Hypothek belastet wurde.

Die ersten paar Jahre lief alles gut. Harald war ein geschickter Handwerker, kümmerte sich um das Haus, renovierte die Terrasse und den ersten Stock. Aber mit der Zeit bewahrheitete sich eine alte Weisheit: Unklare finanzielle Verflechtungen können eine Beziehung belasten, ja zerstören. Als es mit dem Lieferservice bergab ging, habe Gertraud ihm ständig Vorhaltungen gemacht, erzählt Harald seiner neuen Freundin Marlies. Ständig habe sie ihm Sätze wie »Wegen dir bin ich jetzt verschuldet!« an den Kopf geworfen. Sie habe ihn spüren lassen, dass er von ihr finanziell abhängig war: »Ohne mich bist du ein Niemand!« Und dann, eines Morgens nach dem Frühstück, habe sie ihn mit ihrer Entscheidung konfrontiert: »Harald, ich werde mich von dir trennen. Ich gebe dir einen Monat Zeit, damit du auszieht. Ich werde mein Haus verkaufen und die Schulden zurückzahlen. Und dann ein neues Leben beginnen. Ohne dich.«

Eiskalt abserviert. Und ausgenützt, so habe er sich an diesem Morgen gefühlt. Sie ließ es also darauf ankommen, dass er wieder alles verlieren würde. Und keine Rede davon, dass ihm aus dem Hausverkauf etwas zusteht. Wo er doch so viel Arbeitskraft darin investiert hatte ...

»Je näher der Auszugstermin rückte, desto größer ist sein Hass geworden. Wenn er über die Gertraud gesprochen hat, haben seine stechend grauen Augen etwas Unheimliches bekommen«, wird Marlies später erzählen.

* * *

Sie fahren in die Ortschaft hinein. Der schwache, leicht orangefarbene Schein der Straßenbeleuchtung hüllt alles in ein unheimliches Licht. Marlies fühlt Übelkeit in sich aufsteigen. Als sie an Gertrauds Haus vorbeifahren, ist dort alles stockfinster. »Sie wird eh nicht zu Hause sein ...«, versucht Marlies sich einzureden. Harald fährt die paar hundert Meter weiter zum Imbissstand und hält dort an. Er steigt aus dem Auto, sperrt die Eingangstüre auf und verschwindet dahinter. Nur wenige Minuten später kommt er wieder hinaus – mit einem Stahlrohr in der rechten Hand. Marlies erinnert sich: Es ist das Rohr, das er vor einigen Wochen aus ihrem Keller geholt hatte. Auf ihre Frage, wozu er das denn brauchen würde, hatte er damals geantwortet: »Damit will ich eine Stelle am Gartenzaun renovieren!« Sie hatte sich ein wenig gewundert, das Haus sollte doch verkauft werden, wozu also noch etwas reparieren? Doch sie hatte nicht weiter gefragt. Harald würde schon wissen, was er tat, und er ließ sich sowieso nie etwas dreinreden.

* * *

Harald klopft an die Seitenscheibe des Autos, sie kurbelt herunter: »Du wartest hier auf mich!«, herrscht er sie an. Sie nickt wortlos, ihre Kehle ist wie zugeschnürt. Dann sieht sie ihm nach, wie er im Dunkel der Nacht verschwindet. Tränen kullern über ihre Wangen. Schließlich schlägt sie sich die Hände vors Gesicht und beginnt leise zu beten: »Lieber Gott, lass es nicht geschehen ...« Vielleicht wird ihr Gebet erhört. Vielleicht ist Gertraud nicht zu Hause. Weil ja Samstag ist ...
Marlies weiß nicht, dass der Peilsender, den sie sich kürz-

lich für ihren Hund im Elektromarkt besorgt hatte, unter der Motorhaube von Gertrauds goldfarbigem Suzuki Vitara angebracht ist. Und dass Harald kurz vor ihrem Aufbruch auf seinem Tablet mehrmals eine Ortung vorgenommen hatte.

* * *

»Als Gertraud den Harald kennenlernte, war sie gerade in einer sehr schwierigen Lebensphase. Ihr Sohn war im Alter von sechsundzwanzig Jahren verstorben. In dieser Zeit brauchte sie jemanden, der ihr zur Seite stand, und das war eben Harald«, wird Karin B. später bei der Polizei zu Protokoll geben. Die Frisörin ist eine langjährige Angestellte und Freundin von Gertraud N. »Aber die Beziehung lief nicht gut, sie war nicht glücklich mit ihm. Er nützte sie nur aus, ließ sich aushalten von ihr. Sie musste die Einnahmen aus dem Frisörgeschäft vor ihm verstecken, da gab es so ein Geheimfach im Gästezimmer. Als sie erfuhr, dass er eine Freundin hat, war sie richtig erleichtert. Es hat sie in ihrem Entschluss bestärkt, sich von ihm zu trennen. Doch Harald wollte nicht aus dem Haus ausziehen. Und er wollte Geld von ihr. Er machte Terror. In den letzten Wochen hatte sie große Angst vor ihm. Ich habe ihr angeboten, bis zum Hausverkauf bei mir zu wohnen. Aber sie wollte nicht, wegen ihrer Katzen. Sie hatte Angst, dass er den Tieren etwas antun könnte. Am Nachmittag des 5. Oktober habe ich ihr vorgeschlagen, tanzen zu gehen. Ich wollte, dass sie ein wenig auf andere Gedanken kommt. Wir sind bis zirka ein Uhr früh des 6. Oktober in dem Lokal geblieben. Sie hat mich mit ihrem Auto nach Hause gebracht und ist dann alleine heimgefahren. Hätte ich gewusst, was dann passiert, hätte ich noch viel mehr auf sie eingeredet, bis zum Hausverkauf bei mir zu wohnen.«

* * *

Marlies wartet immer noch im Auto, ihr ist kalt geworden. Sie kramt eine Packung »Memphis light« aus der Handtasche und zündet sich mit zittrigen Fingern eine Zigarette an. Der blaue Dunst beruhigt, ihre Gedanken schweifen ab. Zu jenem gemütlichen Samstagabend, den sie und Harald vor einigen Wochen in ihrem Lieblingsheurigen verbracht hatten. Sie hatten schon einige »weiße Spritzer« intus, hatten viel gelacht und geblödelt. Doch plötzlich hatte Harald ihre Hand ergriffen, ihr todernst ins Gesicht gesehen und geflüstert: »Die Alte muss aus dem Weg geräumt werden. Das meine ich jetzt wörtlich, Marlies. Und du wirst mein Alibi sein.« – »Es ist der Wein, der ihn so reden lässt«, hatte sie sich einzureden versucht.

Doch schon am übernächsten Tag hatte Harald die ungeheuerliche Ankündigung wiederholt. Und auch die Tage und Wochen danach. Er meint es doch nicht ernst, würde niemals so weit gehen, versuchte Marlies sich immer wieder einzureden. Und wusste doch längst, dass sie sich selbst belog. Ihre Angst wuchs noch, als er ihr klarmachte, dass er auf ihre »Hilfe« zählen würde. »Aber hast dir es eh gut überlegt?«, versuchte sie sich herauszureden. Ein klares »Nein, da mache ich nicht mit!« kam jedoch nicht über ihre Lippen. Hatte Harald Spaß daran, sich an ihrer Angst zu weiden? Indem er ihr grinsend erzählte, dass er schon zweimal gemordet habe, nämlich in Südafrika: »Auf einen mehr oder weniger kommt es doch nicht an!«[7] Marlies litt Todesängste, die sie jedoch niemandem anvertraute, auch nicht ihrer besten Freundin Margit. In ihrem Kalender jedoch kritzelte sie seltsame Sätze wie: »ER spricht von MORD! Wenn mir etwas passiert, dann war es ER!«

* * *

---

[7] Spätere Erhebungen ergaben, dass Harald S. niemals in Südafrika war.

Nein, Marlies war längst nicht mehr glücklich mit Harald. Aber sie war auf unerklärliche Weise verstrickt in dieser Beziehung. Als ob es ihr unentrinnbares Schicksal wäre, nahm sie es hin, dass dieser Mann inzwischen ihr ganzes Dasein dominierte. Wenn er am Samstagabend eintraf, musste sie ihm unverzüglich zur Verfügung stehen – zuallererst im Bett. Er hatte einen ausgeprägten Sexualtrieb. Wenn er dann befriedigt war, musste sie ihm seinen Amaretto servieren. Den brauchte er, um »herunterzukommen« – wehe, sie hatte vergessen, ihn einzukaufen! Den Rest des Wochenendes verbrachte er in Unterhosen, auf der Wohnzimmercouch lungernd vor dem Fernseher, während sie sich um seine Wäsche kümmern musste. Die gemeinsamen Heurigenbesuche wurden immer seltener. Wie es ihr schien, war er nur aus zwei Gründen mit ihr zusammen: »Ich kann es nicht rausschwitzen!«, war eine seiner Lieblingssprüche, mit der er sein unbändiges Bedürfnis nach Sex ausdrückte. Und er brauchte ihre Wohnung, um dort seine Sachen unterzubringen, nachdem ihre Vorgängerin drauf und dran war, ihn hinauszuwerfen.

Dämon – er war inzwischen der einzige Lichtblick in ihrem Leben: gebürtiger Rumäne, schwarz gelockt und kniehoch. Einer jener undefinierbaren, aber ungemein liebenswürdigen Mischlinge unterschiedlichster Hunderassen. Ihre Freundin Margit hatte ihn ihr vor ein paar Wochen geschenkt, und jetzt hielt er sie auf Trab. Denn Dämon war ein richtiger »Strawanzer«: Kaum stand das Gartentürl offen, nahm er Reißaus. Ihre Freundin Margit hatte die Lösung: In einem Elektrobaumarkt gäbe es einen Peilsender, mit dem man abgängige Haustiere orten könne. Gesagt, getan: Marlies besorgte sich das Gerät – um dann aber festzustellen, dass sie damit technisch heillos überfordert war. Harald versprach Abhilfe: Man müsse den Peilsender mit einem Tablet verknüpfen, erklärte er ihr. Und nahm das Gerät mit, um es auf seinem eigenen Tablet einzurichten und »auszuprobieren«, wie er meinte.

* * *

Sie hat sich gerade ihre dritte »Memphis« angezündet, als sie plötzlich Motorengeräusch hört. Ein goldfarbenes Auto parkt vor ihr ein. Sie kennt die Marke nicht, es erinnert sie ein bisschen an einen Jeep. Sie hat es nie zuvor gesehen. Erst als der Mann aussteigt, erkennt sie ihn: Es ist Harald. Er läuft hinter das unbekannte Fahrzeug, taucht dann wieder auf, mit zwei großen, dunklen Koffern in den Händen. Sie hört, wie er den Kofferraum ihres Autos öffnet und die Koffer hineinwirft. Sie sind merklich schwer, der Kleinwagen senkt sich ein wenig unter dem Gewicht. Dann geht er erneut zum goldfarbenen Auto, und plötzlich hat er es wieder in der Hand: das Stahlrohr. Er öffnet die Beifahrertüre und hält es ihr vor die Nase. Marlies sieht Blut. Sie hält sich die Hände vors Gesicht und wendet sich ab. Harald geht nach hinten, wirft das Rohr in den Kofferraum und knallt ihn zu. Dann reißt er die Beifahrertüre auf und schwingt sich auf den Sitz: »Los, fahr schon!« Er wirkt richtig »geladen«. Während sie das Auto durch die dunkle Nacht lenkt, blickt sie auf die Uhr am Armaturenbrett. Die Leuchtziffern zeigen 4.15 Uhr. Harald beschwert sich mehrmals über ihre Fahrweise, sie fährt ihm mal zu langsam, dann wieder zu schnell: »Hast du nicht gesehen, dass da eine Kurve ist, du blöder Trampel?« Wenige Meter nachdem sie an einer Bushaltestelle vorbeigefahren sind, befiehlt ihr Harald anzuhalten. Sie fährt an den Fahrbahnrand und lässt den Motor laufen. Er springt heraus, geht nach hinten und öffnet den Kofferraum. Marlies hört, wie etwas im Straßengraben landet. Sie weiß, dass es das blutige Stahlrohr ist.

* * *

Den Sonntag verbringen sie wie immer. Während sie Haralds Koffer ausräumt, es waren hauptsächlich Kleidungsstücke, aber auch ein paar Werkzeuge drin, sieht er auf der Wohnzimmercouch fern. Die Waschmaschine läuft auf Hochtouren. Harald hat ihr befohlen, die Wäsche zu waschen, die er in der Nacht zuvor getragen hat. Und den Putzlappen mit den großen, rotbraunen Flecken. Marlies weigert sich, näher hinzuschauen. Später will Harald Sex, und sie lässt es über sich ergehen. Abends geht sie mit Dämon Gassi. Während sie durch die Felder läuft, redet sie sich ein, dass sie sich die Geschehnisse der letzten Nacht nur eingebildet hat. Alles ist so wie immer. Trostlos, aber ganz normal.

* * *

Es ist Montag, der 7. Oktober, kurz nach sechs Uhr morgens. Marlies hat gerade den Kaffee aufgestellt, als Harald ihr erklärt: »Heute kommst du wieder mit, ich muss noch was aus dem Haus räumen. Wir nehmen diesmal meinen Caddy!«

Ein wenig mehr als eine Stunde später sind sie beim Imbissstand. Harald sperrt auf, zieht die Rollläden hoch und befiehlt ihr, dort auf ihn zu warten. Sie kennt den Stand, hat dort schon ein paarmal ausgeholfen. Rund zwanzig Minuten danach läutet ihr Handy. Es ist Harald. Sie hebt ab und hört ihn aufgeregt in den Hörer schreien: »Sie haben die Gerti erstochen, ich kann jetzt nicht weiterreden …!«

Wenig später ist die Hölle los in der kleinen Ortschaft. Rettungshubschrauber, Polizei, sogar die Feuerwehr ist da, weil Harald sie in seiner Aufregung angerufen hat. Das Zentrum des schaurigen Geschehens ist das sonnengelbe Haus der beliebten Frisörin Gertraud N. an der Hauptstraße. Sie liegt vor dem Eingang ihres Schlafzimmers im ersten Stock, nur mit einem rosafarbenen Nachthemd bekleidet. Der Notarzt kann nur mehr ihren Tod feststellen. Das 17 Zentimeter lange Küchenmesser steckt zur Gänze in ihrer Brust, es hat zweimal die Lunge durchbohrt. Der Angriff erfolgte offenbar überraschend für das Opfer, denn es finden sich kaum Abwehrverletzungen. Das Gesicht der Toten ist schwer verunstaltet: Die linke Wange ist bis zum Jochbein blutig durchtränkt. Bei der Obduktion werden dort zahlreiche Knochensplitter vorgefunden werden, auch der Oberkiefer ist gebrochen. Die Gerichtsmedizinerin rekonstruiert, dass der Täter insgesamt sechsmal mit einem »harten, massiven Gegenstand« voller Wucht auf Kopf und Gesicht des Opfers eingedroschen hat.

Harald und Marlies werden von der Polizei einvernommen. Als Zeugen, zeitgleich und getrennt voneinander. Eine Strategie, die Kriminalpolizisten anwenden, wenn ihnen etwas »faul« erscheint. Und das ist auch hier der Fall: Während Harald S. nur wenig Emotion zeigt, wirkt Marlies extrem nervös. Die erfahrenen Beamten wissen, dass sie bei ihr ansetzen müssen. Doch Marlies deckt ihren Freund. Bis erste Widersprüchlichkeiten zwischen den Aussagen auftreten, vor allem was die zeitliche Abfolge der Geschehnisse des vorangegangenen Wochenendes und in der Tatnacht betrifft. Als die Beamten Marlies mit den anderslautenden Angaben ihres Freundes konfrontieren, wird sie noch nervöser. Um 22.45 Uhr – sie sitzt zu diesem Zeitpunkt bereits sechs Stunden im Verhörzimmer, nur durch kurze Pausen unterbrochen – äußert Marlies eine ungewöhnliche Bitte: Alle Kriminalbeamten sollen bitte in das Verhörzimmer kommen. Und dann erklärt sie vor allen Anwesenden: »Ich will, dass mir alle Beamten versprechen, dass der Harald mir nichts antun kann.«

Sodann schildert Marlies minutiös die Geschehnisse der Mordnacht. Berichtet von der Todesangst, die sie selbst empfunden habe, auch in den Wochen davor. Erklärt sich mit einer Durchsuchung ihrer Wohnräume einverstanden. Dabei werden die Beamten auch die seltsamen Kalendereintragungen finden, mit denen Marlies sich ihre Angst von der Seele geschrieben hatte.

* * *

Die Beamten konfrontieren Harald mit dem Geständnis seiner Freundin: »Wie erklären Sie sich diese Angaben? Warum sollte Marlies G. sich selbst belasten?« Harald hat nur eine Erklärung: »Ich weiß nicht, was in sie gefahren ist. Sie muss krank sein!« Inzwischen wird er als Beschuldigter einvernommen, verlangt nach einem Anwalt, den er auch bekommt. Er bleibt bei seiner Version.

Die Staatsanwaltschaft verhängt die Untersuchungshaft über beide Verdächtige. Harald S. wird umgehend in die nächstgelegene Justizanstalt eingeliefert.

Währenddessen fahren die Beamten mit Marlies die Fahrtstrecke ab, entlang derer ihr Freund das Stahlrohr in den Straßengraben geworfen haben soll. Sie kann sich nicht mehr genau erinnern, die Beamten müssen die Strecke mehrmals abfahren, wollen schon die Hoffnung aufgeben. Doch dann, kurz vor dem Abbruch des Einsatzes, stoßen sie auf die vermutliche Tatwaffe: Das Nirosta-Rohr liegt im Straßengraben, rund zweihundert Meter von einer Bushaltestelle entfernt. Unweit davon finden die Beamten auch ein paar gebrauchte Gummihandschuhe. Das Rohr wird sichergestellt und abgemessen. Es weist eine Länge von vierzig Zentimetern und einen Durchmesser von drei Zentimetern auf. Obwohl der Täter es abgewischt hat, wird die Gerichtsmedizinerin später darauf DNA-Anhaftungen ausmachen: Sie weisen das DNA-Profil von Gertraud N. auf.

* * *

Der Fall scheint klar: Harald ist der Täter, Marlies die Komplizin, die jetzt reuig ausgepackt hat. Für Harald kommt nur ein Verteidiger in Frage, der keine Angst vor scheinbar aussichtslosen Fällen hat, der sich auch unter widrigsten Bedingungen ins Zeug legt. Nachdem er, wie er meint, von einem anderen Anwalt »monatelang an der Nase herumgeführt worden« sei, entscheidet er sich für mich. Zu diesem

Zeitpunkt liegt längst die Anklageschrift vor.

Die Ausgangsbedingungen sind denkbar schlecht: Mein Mandant wird nicht nur von Marlies G. belastet. Auch andere Zeugen, allesamt Freunde und Bekannte der Verstorbenen, stellen ihn als geldgierigen Schmarotzer hin, der sich in das Leben der beliebten Frau geschlichen habe. Eine hoch dotierte Lebensversicherung taucht auf, Harald S. und Gertraud N. hatten sich wechselseitig als Begünstigte eingesetzt. Das Testament, es ist schon ein paar Jahre alt, sieht ihn als Alleinerben vor. Am Nachthemd der Toten finden sich DNA-Spuren, die ihm zuzuordnen sind. Jedoch: Weder am Messergriff noch auf dem Stahlrohr können Spuren von ihm nachgewiesen werden. Gewiss, er könnte Handschuhe getragen haben – doch auch an den im Straßengraben gefundenen Handschuhen findet sich keine DNA-Spur von ihm.

* * *

Erster Besuch bei meinem Mandanten in der Vernehmungszone der Justizanstalt.

Harald S. bemüht sich erst gar nicht, sympathisch zu wirken. Etwa dann, wenn er mich mit seinen grauen Augen ansieht und erklärt, dass die Beziehung zu Marlies G. nur eine »Bumsbeziehung« gewesen sei, weil »rausschwitzen« könne er »es« ja nicht. Ganz schön unverfroren, das ausgerechnet einer Frau ins Gesicht zu sagen. Andererseits mag ich es, wenn Menschen mir nichts vormachen, sondern klare Worte finden. Es erleichtert mir, für sie die beste Verteidigungsstrategie auszuarbeiten. »Ich meine, ich bin schönere Frauen gewöhnt«, setzt mein Mandant nach, womit er allerdings beträchtliche Selbstüberschätzung beweist. Denn Harald S. ist nicht unbedingt das, was man einen attraktiven Mann bezeichnen würde: Seine Haut wirkt verwelkt, am Kopf finden sich schon ein paar lichte Stellen. Er hat eine schlampige, ein wenig buckelige Haltung. Später erfahre ich, dass er in der

Haft stark abgenommen hat. Was mir jedoch am meisten auffällt, ist seine gelblich graue Gesichtsfarbe. Ich erkläre sie mir damit, dass er schon seit Monaten in Haft ist.

Nachdem er vor mir Platz genommen hat, schildert er mir seine Version der Geschehnisse: Als er an diesem Morgen des 7. Oktober zu Hause eingetroffen sei, habe er sich darüber gewundert, dass die Zeitungen noch im Schlitz der Haustüre steckten. Daraus habe er geschlossen, dass Gertraud nicht zu Hause sei. Völlig arglos habe er aufgesperrt, sei vom Flur ins Wohnzimmer gegangen. Dort sei ihm aufgefallen, dass sämtliche Läden aufgerissen und der Inhalt auf den Boden verstreut gewesen sei. Beunruhigt sei er in den ersten Stock hinaufgelaufen. Die Türe zum Schlafzimmer sei einen Spalt offen gestanden – und da habe er ihre nackten Beine erblickt! Er habe die Türe aufgerissen, sei aber sofort zurückgeschnellt: Da sei sie gelegen, die Gertraud, in ihrem Blut. Am Rücken, mit gespreizten Beinen, das Gesicht blutbesudelt. Ein Anblick, den er niemals vergessen werde. Trotz des Schocks habe er sie dann berührt, in der Hoffnung, dass sie noch leben könnte. Doch ihre Haut habe sich eiskalt angefühlt. Er habe Rettung und Polizei anrufen wollen, sich aber verwählt und stattdessen die Feuerwehr erreicht.

»Ein aus dem Ruder geratener Einbruch!«, resümiert er. Denn das Schwarzgeld vom Frisörgeschäft sei verschwunden. »Und die fehlenden Einbruchsspuren?«, hake ich nach. Mein Mandant hat auch dafür eine Erklärung parat: »Durch die Garage kann man ohne weiteres ins Haus gelangen!« Und er äußert einen ungeheuerlichen Verdacht: Marlies G. könnte hinter dem Mord stehen, beziehungsweise ihr »idiotischer Sohn«: »Ich habe ihr gegenüber mal so nebenbei erwähnt, dass Gertraud viel Schwarzgeld im Haus liegen hat. Wahrscheinlich hat sie ihm das erzählt ...«

Es darf bezweifelt werden, ob die Geschworenen ihm diese Geschichte abnehmen werden, und ich sage ihm das auch ins Gesicht. Er fixiert mich mit seinen grauen Augen und erklärt dann, ohne die Miene zu verziehen: »Ich will, dass Sie für mich kämpfen!« Nach einigem Zögern verspreche ich es ihm: »Ich übernehme das Mandat!« Denn es gibt da tatsächlich eine Sache, die mich stutzig macht: Harald S. ist offenbar ein intelligenter, strategisch denkender Mensch. Warum zum Teufel soll er eine labile Person wie Marlies G. in den Mordplan eingeweiht, sie gar zu seiner Komplizin gemacht haben?

* * *

Wenige Tage nachdem ich Vollmacht gelegt habe, schreibt der vorsitzende Richter schon die Hauptverhandlung aus – sie soll zwei ganze Tage dauern. »Dem Angeklagten droht eine lebenslange Haftstrafe!«, titelt die Boulevardpresse.
Doch der Fall nimmt eine unerwartete Wendung: Nur eine Woche vor Prozessbeginn wird Harald S. in ein Wiener Spital eingeliefert – Verdacht auf Bauchspeicheldrüsenkrebs! Die Operation ist für den ersten Prozesstag angesetzt. Die Verhandlung muss kurzfristig abberaumt werden.

* * *

Ein paar Wochen später besuche ich meinen Mandanten in der geschlossenen Abteilung des Krankenhauses.
Mager ist er geworden. Sein Kopf ist jetzt fast kahl, die Farbe seines Gesichts aschfahl – Auswirkungen der Chemotherapie, mit der vor wenigen Tagen begonnen wurde. Die Verdachtsdiagnose hat sich bestätigt, schlimmer noch: Das Karzinom hat sich als inoperabel herausgestellt, und es wurden Metastasen in der Leber gefunden. Mein Mandant weiß, dass er nur mehr wenige Monate zu leben hat. Doch auch im Angesicht des Todes gibt er sich kampfeswillig: »Ich bin unschuldig und will, dass Sie alles tun, um das zu beweisen!« Abermals verspreche ich es ihm. Als ob er die Situation auflockern möchte, erzählt er mir vom »Neuzu-

gang« auf der Station: eine rund vierzigjährige Frau, die vor zehn Jahren gemeinsam mit ihrer Mutter ihren Stiefvater bestialisch ermordet hat. »Sie hat auch ein Pankreaskarzinom. Unheilbar. Vielleicht lässt man sie raus, damit sie in Würde sterben kann ...«, resümiert er. Ich vermeine, bei diesen Worten ein leichtes Zucken in seinem Auge gesehen zu haben – taut er jetzt auf? Öffnet er sich jetzt, dieser Mensch, der sich stets so nüchtern gegeben hat, der vor wenigen Wochen noch betont hat, dass er keinen Anwalt »zum Handerlhalten« benötige? Mitnichten, Harald S. will partout keinen Blick auf sein Inneres preisgeben: »Aber ich will Ihre wertvolle Zeit nicht stehlen, Frau Anwältin. Ich wünsche Ihnen ein schönes Wochenende!«

Doch diesmal lasse ich nicht locker. Ich habe mir an diesem Nachmittag eigens Zeit genommen, um meinem Mandanten auf die Schliche zu kommen. Auch wenn es womöglich zu gar keiner Verhandlung mehr kommen wird, will ich wissen, wie er wirklich tickt. Ich spreche ihn auf seinen Sohn an, der ist jetzt fünfundzwanzig. Ja, er habe ihn schon besucht, im Gefängnis und jetzt auch im Krankenhaus. Aber der Sohn habe sein eigenes Leben, er wolle ihn nicht belasten mit seinen »Problemen«. Ob er als Vater, als Familienmensch versagt habe? Er schweigt für einen Moment, und räumt dann ein: »Tja, ich habe wohl nicht alles richtig gemacht im Leben. Aber nachher ist man ja immer gescheiter!« Da ist sie wieder, diese eigenartige Mischung aus Skepsis und Ironie in seinem Blick. Er spricht weiter, mit ruhiger Stimme. Mit Anfang fünfzig habe er begonnen, sich mit spirituellen Themen zu beschäftigen. »In dem Alter ist es an der Zeit, sich Fragen nach dem Danach zu stellen«, bemerkt er augenzwinkernd. Er halte es mit Stephen Hawking: »Die Energie bleibt erhalten, sie wird nur transformiert. Nichts geht verloren.« Als ihn die Ärzte mit der Diagnose konfrontiert hätten, sei er absolut gefasst geblieben: »Die vorsorglich beigezogene Psychologin war völlig perplex! Dachte wohl, dass jeder normale Mensch bei dieser

Diagnose einen Nervenzusammenbruch erleiden müsse!« Ich werfe ein, dass jeder Mensch anders reagiere. Viele würden eine solche Diagnose erst mal nicht wahrhaben wollen. Mein Mandant schüttelt den Kopf: »Nein, Frau Anwältin, ich verdränge nichts. Ich habe mein Leben gelebt. Ich bin ein bisschen in der Welt herumgekommen, ich habe nichts versäumt. Jetzt kann ich in aller Ruhe die letzten Dinge ordnen. Ich habe acht Abschiedsbriefe geschrieben, an Familienmitglieder und Freunde. Ich will im Grab meiner Eltern in Wien-Hernals bestattet werden. Ich hoffe, dass mein Sohn sich um mein Begräbnis kümmern wird. Da bin ich ein wenig altmodisch. Ich hätte gerne einen Pfarrer, Musik und Blumen.« Er lächelt wehmütig und setzt nach: »Man ist doch gesegnet, wenn man so geordnet abtreten kann wie ich. Wissen Sie, Frau Anwältin, irgendwie fühle ich mich befreit!«

Meint er damit, dass er der Justiz ein Schnippchen schlagen wird? Indem er seine Strafe nicht absitzen wird müssen? Für mich ist dieser Satz wie ein Stichwort, und ich spreche ihn abermals auf den Tatverdacht an. Da fixiert er mich mit seinen hellgrauen Augen: »Ich muss mein Gewissen nicht erleichtern. Ich schwöre, dass ich es nicht war!« Das, was er für Marlies G. empfinde, sei gar nicht in Worte zu fassen: »Hass ist noch zu wenig ...« Plötzlich umspielt ein maliziöses Lächeln seine Lippen: »Marlies wollte mir mein Leben nehmen. Aber das ist ihr nicht gelungen. Denn jetzt ist es meine eigene Krankheit, die mir mein Leben nimmt.« Eines muss man meinem Mandanten lassen: Er hat Humor, besser gesagt: Galgenhumor.

* * *

Ein paar Tage später bringe ich ihm ein paar Bücher vorbei, die er sich von mir gewünscht hatte. Biografien, von Bruno Kreisky und Alice Schwarzer. Er bedankt sich, doch als ich ihm zum Abschied die Hand reichen will, winkt er ab: »Ich habe einen hochansteckenden Darmvirus. Eine Folge der Chemotherapie, die deshalb abgebrochen werden musste. Jetzt wird er wohl noch schneller kommen, der Tod.« Sein Lächeln ist verschwunden, und er blickt mich aus leeren, trüben Augen an: »Genießen Sie Ihr Leben, Frau Anwältin. Es kann sehr schnell vorbei sein.«

* * *

Zwei Wochen später beraumt der vorsitzende Richter neue Termine für die Hauptverhandlung an. Meinem Antrag, den schwerkranken Harald S. für verhandlungsunfähig zu erklären, war nicht stattgegeben worden – dies unter Verweis auf ein Gerichtsgutachten, wonach er lediglich öfters die Toilette aufsuchen müsse, ansonsten einer Verhandlung aber ohne Weiteres folgen könne. Nachdem insgesamt drei ganze Tage eingeplant sind, beschließe ich, einen jungen Kollegen mit ins Boot zu nehmen. Wir begeben uns gemeinsam auf die geschlossene Station des Krankenhauses, um uns mit unserem Mandanten zu besprechen – und werden auf die Herzintensivstation verwiesen. Vor dem Eingang sitzen zwei diskret in Zivil gekleidete Justizwachebeamte, die unsere Anwaltsausweise kontrollieren, bevor wir ins Krankenzimmer geführt werden. Da liegt er, angeschlossen an unzählige medizinische Geräte. Ein geschundener, klappriger Körper in Windeln. Er hebt kurz den Kopf, um uns leise zu begrüßen. Ganz kahl ist er jetzt, die Ohren wirken riesig, und unter den Augen zeichnen sich dunkle Schatten ab – ich muss unvermutet an Klaus Kinsky in der Rolle des Nosferatu denken. Ich werfe meinem Kollegen einen Blick zu, wir sind uns einig: Die Ärzte werden es sicher nicht zulassen, dass dieser Mensch von einem Justizwachebeamten zur Verhandlung gekarrt wird.

* * *

Es ist der erste Tag der Hauptverhandlung in der Strafsache gegen Harald S. und Marlies G. Die Tat liegt jetzt fast ein Jahr zurück.

»Da ist sie!« Kameras blitzen auf, binnen kürzester Zeit hat ein Rudel Fotografen das Motiv des Tages umzingelt: Marlies G., in Handschellen und flankiert von zwei Justizwachebeamten, die sie soeben vor die Flügeltüre des großen Schwurgerichtssaales geführt haben.

Sie ist von kräftiger, massiger Statur. Sie trägt einen knielangen, schwarzen Rock, dazu eine Bluse mit großflächig gemusterten Schalkragen, was ihre imposante Erscheinung noch betont. Ihre braunen Haare sind zurückgekämmt und mit einem schwarzen Haarband fixiert. Ich sehe ihr direkt ins Gesicht: derbe Züge, aber nicht unharmonisch. Sie mag früher ganz nett ausgesehen haben, Typ »pausbäckiges Mädel vom Land«. Ihr breites Kinn ist trotzig nach vorne geschoben, die Lippen fest aufeinander gepresst. Ihre Augen blinzeln im Blitzlichtgewitter der Kameras, irrlichtern zwischen den vielen Menschen, versuchen, ihren Blicken auszuweichen. Dennoch senkt sie nicht den Blick, sondern zeigt Haltung und Selbstbeherrschung. Ihre Miene bleibt undurchdringlich. Ich frage mich, ob diese Frau wirklich das Opfer eines dominanten, aggressiven Mannes ist, als das sie sich von Anbeginn an dargestellt hat? Oder hat sein Hass auf die Verflossene sie mitgerissen, und sie hat ihn in seinem Mordplan tatkräftig unterstützt, vielleicht sogar angestachelt? War gar Geldgier dahinter, weil sie vom Testament und der Lebensversicherung wusste?

Als der Richter verkündet, dass der Erstangeklagte wegen einer »unerwarteten Verschlechterung seines Gesundheitszustandes« an der heutigen Verhandlung nicht teilnehmen könne, bemerke ich, wie ihre Hände zittern. Das Gericht fasst den Beschluss, das Verfahren gegen Harald S. bis zu dessen allfälliger Genesung auszuscheiden. Marlies G. bleibt als einzige Angeklagte im Verhandlungssaal.

* * *

An den folgenden Verhandlungstagen sagen Freundinnen des Opfers aus. Sie stellen Harald S. unisono als »herrschsüchtigen und machtbesessenen« Unmenschen dar. Es ist eine der überaus seltenen Fälle, in denen die Zeugen der Staatsanwaltschaft und der Verteidigung gleichermaßen zugutekommen: Alles Böse wird auf den abwesenden Erstangeklagten geschoben. Am Ende des zweiten Verhandlungstages ziehen sich die Geschworenen in ihr Beratungszimmer zurück. Ihr Urteil steht nach rund dreistündiger Beratung fest: Marlies G. wird als Beitragstäterin des Mordes schuldig gesprochen und zu einer Freiheitsstrafe von acht Jahren verurteilt. Bei der Strafbemessung wurde mildernd berücksichtigt, dass sie »unter massivem Druck des Erstangeklagten« gestanden sei. Marlies G. nimmt das Urteil sofort an.

* * *

Rund zwei Wochen nach dem Urteil statte ich meinem Mandanten einen letzten Besuch ab. Er blickt mich aus weit aufgerissenen, staunenden Augen an. Harald S. erkennt mich nicht mehr.

Sein Todeskampf währte lange. »Er hat sich sehr gegen das Sterben gewehrt«, hat mir später ein Justizwachebeamter anvertraut, und auf mein Nachfragen bestätigt: »Der Mann hat nicht abschließen können. Irgendetwas hat gearbeitet in ihm.«

Rund ein Jahr nach der Tat, in einer kühlen Oktobernacht, ist Harald S. gestorben. Er hat nie ein Geständnis abgelegt. Es gilt die Unschuldsvermutung.

Die Violinistin

Der nimmt den Mund aber voll, denkt sie sich, als sie ihn reden hört: »Mein Mandant mag derzeit nicht flüssig sein, aber er hat mindestens eine Million an Sicherheiten in Form von Immobilien!« Er ist attraktiv, muss sie sich eingestehen. Dunkelhaarig. Kantiges, gut geschnittenes Gesicht, Dreitagebart. Inzwischen hat er die Anzugjacke ausgezogen und die Ärmel seines blütenweißen Hemds bis zum Ellenbogen aufgekrempelt. Sie kann seinen durchtrainierten Oberkörper erahnen. Die teure, aber nicht zu protzige, sportliche Uhr verrät Geschmack. Ihr Blick schweift ab, interessiert betrachtet sie die überdimensionalen Ölgemälde an den hohen Wänden der Besprechungsräumlichkeiten der Anwaltssozietät K., M. & Partner. Alles hier ist hypermodern, perfekt gestylt, viel Glas und Chrom.

»Nun ja, meine Kollegin Frau Magister W. hat die Finanzlage Ihres Mandanten überprüft und ist zu einem anderen Ergebnis gekommen!« Die Stimme ihres Kollegen reißt sie aus ihren Gedanken. Mona W. räuspert sich, blättert in ihren Unterlagen. Minutenlange Stille. Dann sagt sie: »Ich denke, wir sollten uns das Angebot nochmals anschauen und dann einen neuen Termin vereinbaren.« Ein feines Lächeln umspielt den Mund des attraktiven Anwalts, und sie vermeint, dass er ihr mit seinen dunkelbraunen Augen unmerklich zuzwinkert. Sein kühnes Plädoyer hat gewirkt.

* * *

Mona W. ist dreiunddreißig, grazil und sehr schlank. Blonder

Kurzhaarschnitt, modisch und praktisch zugleich. Mit ihrer sachlichen Art wirkt sie kompetent, aber auch ein wenig unnahbar. Die gelernte Bankmanagerin arbeitet bei einer der größten Banken des Landes, und vor rund einem Jahr wurde sie mit der Leitung der »Abteilung für Umstrukturierung« für den Großraum Wien betraut. Ein hochtrabender Name, dabei geht es nur um eines: Was tun mit Leuten, die ihre Kredite nicht mehr bedienen können? Bekommen sie noch eine Chance, auf Ratenzahlung oder Zahlungsaufschub, oder führt kein Weg mehr am Bankrott vorbei?

Der Immobilienmanager ist ein besonders schwieriger Fall. Er hat Schulden in Millionenhöhe angehäuft, und jetzt hat er die Anwaltskanzlei K., M. & Partner engagiert, um seinen Kopf aus der Schlinge zu ziehen. Und es scheint zu gelingen. Der Juniorpartner der Kanzlei, Dr. Moritz M., hat einen Zahlungsplan ausgearbeitet, den man zumindest überprüfen sollte, befindet Mona W. Ihr Kollege, der zum Besprechungstermin in der Kanzlei mitgekommen ist, scheint weniger überzeugt. »Na ja, Frau Magister, wenn Sie meinen ...«, sagt er achselzuckend, und setzt dann nach: »Aber in spätestens vier Wochen müssen wir eine Lösung gefunden haben. Länger können wir auf keinen Fall mehr zuwarten!«

* * *

Der harte Banker-Job verlangt einen Ausgleich: Für Mona W. ist es das Violinspiel. Mit fünf Jahren hatte ihr Großvater ihr eine Geige geschenkt. Bald zeigte sich ihre ungewöhnliche Begabung. In der Oberstufe hatte sie ihr Spiel so weit perfektioniert, dass sogar ein Musikstudium im Raum stand. Nach der Matura überlegte sie es sich aber anders und nahm, auch über Anraten der Eltern – »Das ist was Sicheres!« – das Job-Angebot bei der Bank an. Doch ihre Violine hat sie nie ganz zur Seite gelegt. Wenn der Arbeitstag wieder einmal besonders stressig war, nimmt sie den Geigenbogen zur Hand und streicht damit die Saiten ihrer alten Violine. Wenn dann der unvergleichliche Ton dieses herrlichen Instruments erklingt, ist alles wieder gut. Sie hat ihre Mitte gefunden.

* * *

Es ist Freitagmorgen. Sie fährt ihren PC hoch und checkt wie immer erst einmal ihre Mails. Eine trägt als Absender die Anwaltssozietät K., M. & Partner. Sie klickt die Mail an. Es sind nur drei knappe Sätze: »Was halten Sie davon, wenn wir die Sache mit dem Immo-Makler bei einem After-Work-Drink besprechen? Heute, siebzehn Uhr, Onyx Bar? Würde mich sehr freuen. Moritz M.«

Nein, das geht auf keinen Fall, denkt sie sich sofort. Das wäre in Anbetracht der offenen Causa nicht opportun. Sie wird ihm absagen. Am besten jetzt gleich, telefonisch. Er lässt sie erst gar nicht ausreden. »Frau Magister W., doch nur auf einen kleinen Drink, was ist dabei?«, insistiert er, um dann, als sie immer noch zögert, verschmitzt hinzuzufügen: »In meinem Job habe ich Biss. Aber privat beiße ich nicht!« Mona kann sein charmantes Lächeln erahnen, und schon erscheint er vor ihrem geistigen Auge: dunkelhaarig, sportlicher Körper im perfekt sitzenden Anzug. Warme, braune Augen, die viel zu sanft für einen taffen Anwalt sind.

* * *

Onyx-Bar, Freitag, gegen siebzehn Uhr fünfzehn.

Er lehnt lässig an der Theke, blickt gedankenverloren zu den großen, schrägen Dachfenstern mit der herrlichen Aussicht auf das beleuchtete Dach des Wiener Stephansdoms. Er trägt keine Krawatte, hat das Hemd lässig geöffnet. Sie will ihn noch ein bisschen beobachten, bevor sie ihn anspricht. Doch er hat sie schon erspäht und strahlt sie an. Sie lächelt zurück, fast ein bisschen verlegen. Er sieht wirklich verdammt gut.

Aus dem »After-Work-Drink« werden mehrere Longdrinks, und als sie die Bar verlassen, ist es halb zwei Uhr morgens. Moritz – sie sind inzwischen per Du – bestellt ein gemeinsames Taxi. Zuerst fährt es an ihre Adresse, denn sie wohnt näher zum Zentrum. Er steigt mit ihr aus, und als er sie zum Abschied auf die Wange küsst, atmet sie seinen Duft ein. Liebe geht durch die Nase, fällt ihr spontan ein. »Du riechst gut!«, sagt sie, und bereut die Bemerkung sogleich. »Du auch, Mona!« Da ist es wieder, dieses ungemein charmante Lächeln. Dieses Leuchten in seinen schönen braunen Augen.

Als sie die Haustüre aufsperrt, ist sie immer noch ganz verwirrt. Hätte sie ihn nicht doch hereinbitten sollen? Schade, dass er nichts gesagt hat, sie hat eigentlich nur darauf gewartet ... Sie öffnet ein Döschen »Sheba« und drückt die Paste in den weißen Porzellan-Napf mit den rosa Herzen. Mia schmiegt sich gurrend an ihre Beine, um sich dann auf ihr leckeres Mahl zu stürzen. Mona hat ein schlechtes Gewissen, das arme Tierchen hat den ganzen Tag kein Futter bekommen. Dann setzt sie sich an den Küchentisch, zündet sich eine Zigarette an und denkt an den Abend mit Moritz. Es war wohl besser, dass sie ihn nicht hereingebeten hat, sinniert sie. Was würde ein Mann denn von einer Frau denken, die eine neue Bekanntschaft gleich in ihre Wohnung lässt? Nein, Moritz soll wissen, sie ist nicht »so eine«!

* * *

Der nächste Tag ist ein Samstag. Endlich kann sie ausschlafen. Als Single mit Einzelkatze hat sie es zum Glück auch nicht nötig, sich an der Wochenend-Einkaufshektik zu beteiligen. Gegen Mittag piepst ihr Handy. Es ist eine SMS von Moritz: »Wie geht's deinem Kater?« – »Mia ist eine Katze«, hätte sie ihm fast schon zurückgeschrieben, doch dann bemerkt die Doppeldeutigkeit seiner Botschaft. Sie schmunzelt, sein Sinn für Humor gefällt ihr.

* * *

In der folgenden Woche überhäuft er sie mit SMS voller Liebesschwüre. Sie schickt ihm ein Foto, auf dem fast alles schwarz ist, bis auf einen weißen Fleck in der Mitte und zwei gelben Augen. »Mia, mein schwarzes Kuschelmonster«, schreibt sie darunter. Daraufhin übt er sich in humorigen Anspielungen: »Wie geht's meinen beiden Katzen?« oder »Werde ich auch mal gekrault? Ein einsamer Streuner.« Freitagmittag trifft pünktlich seine SMS-Einladung zum Wochenende ein: »Wenn Du willst, komm morgen zu mir. Ich koche uns was Feines! Mia ist auch willkommen.« Nein, Mia wird sie nicht mitnehmen. Ihre Nachbarin hat den Wohnungsschlüssel und ist sowieso in das Tier verschossen.

Es ist eine der feinsten Villengegenden Wiens. Als sie aus dem Taxi steigt, erblickt sie im Dunkel der Nacht die Umrisse eines ultramodernen Einfamilienhauses. Moritz empfängt sie an der Tür, um sie dann ins Wohnzimmer zu führen. Es ist ein einziger überdimensionaler Raum. Eine Wand besteht aus einer riesigen Glasfront. Sanft gedimmtes Licht, spärliche Einrichtung, makellose weiße Wände. Keine Teppiche. Das Zentrum des Raumes bildet eine überbreite Couch aus dunkelbraunem Wildleder. Daneben steht ein großer, kompakter Esstisch aus gemasertem Nussholz, auch er wirkt ziemlich teuer. Er ist gedeckt. Das klare, modern designte Geschirr beweist Geschmack, die Tischplatte ist mit Rosenblättern bestreut. Das flackernde Licht der großen rustikalen Bodenkerzen strahlt gemütliche Wärme aus.

Nachdem sie Platz genommen hat, verschwindet Moritz für einen Augenblick hinter der Milchglaswand. Offenbar befindet sich dahinter die Küche, denn sie hört ihn eine Kühlschranklade öffnen: »Willst du einen Aperitif? Ich habe den Champagner vorhin kalt gestellt, er müsste jetzt perfekt sein.« Mona ist geradezu beschämt, dass er sich so bemüht hat. Nachdem er die dampfenden Spaghetti »Frutti di Mare«

serviert hat, erkennt Mona eine weitere gute Eigenschaft von ihm: Moritz ist ein begnadeter Koch.

Später, als sie auf der breiten Ledercouch lümmeln und erlesenen französischen Rotwein genießen, erfährt sie viel über ihn. Er hatte offenbar einen schwierigen Start ins Leben. Aufgewachsen auf dem Land, in sogenannten kleinen Verhältnissen. Eigentlich hätte es ihn gar nicht geben dürfen: Sein »Erzeuger«, wie er ihn nennt, sei ein honoriger Anwalt gewesen, seine Mutter Lehrmädchen und erst siebzehn, als sie von ihm geschwängert wurde. Der »Erzeuger« habe die Abtreibung der unerwünschten Leibesfrucht gefordert, die Mutter habe sich jedoch geweigert. Und das habe sie ihm, ihrem Sohn, später immer wieder vorgehalten: »Mir hast du es zu verdanken, dass du leben durftest!« Seine sanften Augen schimmern, sie wirken jetzt tieftraurig. Damals, auf dem Land, galt es noch als Schande, unehelich geboren zu sein, erklärt er Mona. Sein »Erzeuger« habe sich lange geweigert, für den »Balg« Unterhalt zu bezahlen, das Gericht habe ihn dazu verdonnern müssen. Dann blickt Moritz ihr direkt ins Gesicht, und seine Worte klingen jetzt fast trotzig: »Aber diese Kindheitserfahrungen haben auch ihr Gutes: Sie haben mich gestärkt. Ich wollte allen zeigen, was in mir steckt. Dass ich es weit bringen würde!« Mona lächelt ihn an: »Das hast du auch geschafft!« Moritz erfasst sie an der Schulter, zieht sie an sich, küsst sie sanft: »Komm, gehen wir hinauf ...«

Das Obergeschoss ist ein riesiger Raum, der von einem einzigen Einrichtungsgegenstand dominiert wird: einem überdimensionalen, schwarz überzogenen Futon. Er reißt ihr wortlos die Bluse vom Leib, fährt mit der Hand in ihren Slip. Der Gürtel seiner Hose ist schon offen, sie greift zwischen seine Beine. Sein Penis ist hart, und sehr groß. Eng umschlungen fallen sie auf die harte Matratze und übereinander her. Mit einem einzigen Ruck dringt er in sie ein. Von hinten. Und dann fickt er sie, wie sie nie zuvor gefickt worden ist.

* * *

Wegen der geschäftlichen Verflechtungen hält sie es für besser, ihre Arbeitskollegen vorerst nicht einzuweihen. Nur Laura, ihre beste Freundin, darf es wissen: »Moritz ist der beste Liebhaber, den ich je hatte. Er besorgt es mir ... auf die harte Tour. Manchmal tut es weh. Aber ich liebe es. Ich hoffe, ich bin ihm noch nicht hörig!« Mona lacht, und setzt nach: »Und stell dir vor, er ist außerdem ein unglaublich einfühlsamer Mann. Bekocht mich mit den feinsten Gerichten, macht mir teure Geschenke. Unlängst hat er mich mit einer feinen Brosche aus Brillanten überrascht! Er hat Geschmack, und er hat Kultur!« In der Tat, Mona schätzt Moritz auch wegen seiner Allgemeinbildung und dem weltgewandten Auftreten. Sie waren schon ein paar Mal im Theater gewesen, auch einmal in einem guten Kabarett. Im Vergleich zu Moritz waren ihre Verflossenen mittelmäßige Typen gewesen, mit nichts als ihrem langweiligen Job und Fußball im Kopf ...

* * *

Es kommt plötzlich, ohne Vorwarnung. Sie sind schon seit Monaten ein Paar. Sie hat zwar noch ihre kleine Wohnung, verbringt aber fast jede Nacht bei ihm. Mia wurde von der Nachbarin adoptiert, bis auf Weiteres, Mona glaubt nicht, dass sie ihr das Tier je wieder zurückgeben wird. Sei's drum, Hauptsache, es hat einen guten Platz. Ihre Violine hat Mona freilich mitgenommen. Fortan sind die großzügigen Räume der Villa allabendlich von einer originellen Geräuschkulisse erfüllt: Geigenklänge, untermalt vom Geklapper der Teller und Töpfe aus der Küche, in der Moritz das Abendessen zubereitet. Ein Idyll. Monas Arbeitskollegen wissen inzwischen Bescheid. Der Fall mit dem Immobilienmakler ist abgeschlossen, die Geschäftsleitung hat den Zahlungsplan genehmigt.

Es ist ein Freitagabend, und sie sind in einem Innenstadt-Restaurant verabredet. Mona verspätet sich um eine halbe Stunde. Als sie eintrifft, bleibt Moritz sitzen. Kein Lächeln, kein Begrüßungskuss. Stattdessen die barsche Frage: »Wo warst du?« Sie versucht ihm zu erklären, dass das Meeting länger gedauert habe. Er unterbricht sie mit harter Stimme: »Du hättest anrufen können!« Sie sagt jetzt lieber nichts mehr. Der Kellner bringt die Karte, sie studiert die Speisen, entscheidet sich für die Minestrone. Als sie aufblickt, bemerkt sie, wie Moritz sie mit bösen Augen fixiert. Mit einem scherzhaften »Ich fühle mich wie das Kaninchen vor der Schlange!« versucht sie die Situation aufzulockern. Doch ihm ist nicht nach Spaß zumute. Das Essen wird unter eisigem Schweigen eingenommen. Er bezahlt wie immer die Rechnung und ruft dann ein Taxi. Mona ist froh, dass sie mit ihm einsteigen darf.

Er hat wohl einen schlechten Tag gehabt. Vielleicht hat er einen wichtigen Prozess verloren. »Dafür werde ich ihm heute Nacht eine besonders geile Sex-Gespielin sein. Er darf alles mit mir machen. Es wird ihm guttun …«, da ist sie sich sicher.

Er schließt die Eingangstüre hinter sich. Sie geht voraus ins Wohnzimmer, er folgt ihr. Sie will sich gerade umdrehen, als sie einen plötzlichen, scharf blitzenden Schmerz im Gesicht verspürt. Der Schlag war so fest, dass sie umgefallen ist, direkt auf die breite Leder-Couch. In ihrem Kopf dröhnt es. Die Schläge hören nicht auf, treffen sie überallhin, auf den Kopf, in den Bauch. Sie windet sich vor Schmerz, igelt sich ein, er tritt ihr in den Rücken. Sie schreit, und das scheint seine Brutalität anzuspornen. Irgendwann ist es zu Ende. Sie ist nur mehr ein kauerndes, schluchzendes, wimmerndes Bündel. Irgendwann schaut sie auf und blickt in eine hasserfüllte Fratze: »Merke dir das: Ich hasse unverlässliche Leute!« Sie wischt sich Rotz und Tränen aus dem Gesicht. Jetzt bemerkt sie, dass sie stark aus der Nase blutet.

Er bringt ihr Taschentücher, dann holt er eine Flasche

Wein. Er hat sich eine Zigarette angezündet. Er bläst den Rauch in die Luft, ist wieder ganz ruhig. Mona beschließt, heute bei ihm zu bleiben, trotz allem.

Am nächsten Morgen will er Sex. Es ist anders als sonst. Kein Vorspiel. Er dreht ihren Körper hastig um, stößt seinen Schwanz in sie, brutal und ohne Vorwarnung. Lust flammt lodernd in ihr auf. Er fickt sie hemmungslos. Die gewaltigen Schwanzstöße lassen das Gestell des Futonbettes heftig an der Wand anschlagen, im selben Rhythmus wie der Fick. Er holt sich, was er braucht, treibt seinen Penis immer weiter in sie. Befreiendes, langgezogenes Ächzen. Er ist gekommen. Wie es ihr dabei ergangen ist, ist ihm egal. Sie fand es geil. Unheimlich geil ...

Sie spürt, da ist etwas, das schon immer in ihr schlummerte, tief im Verborgenen ihrer Seele. Moritz hat es erweckt.

* * *

Seit Moritz da ist, fühlt sich Monas Leben ein bisschen wie in einem geheimnisvollen Film an: Tagsüber ist sie die taffe Karrierefrau, die nette Kollegin und die freundliche Nachbarin, nachts nur eines: seine Sexsklavin.

Es ist mitten in der Nacht. Plötzlich verspürt sie einen Ruck. Jemand hat sie umgedreht, sie liegt jetzt auf dem Bauch. Moritz ist über sie gebeugt und hält ihre Hände fest. Er will Sex. Und er nimmt ihn sich, wie immer ohne Rücksicht darauf, dass sie gerade geschlafen hat. Er legt sich mit seinem gesamten Gewicht auf ihren Körper. Sie versucht noch, ihn sanft wegzuschubsen, aber es ist unmöglich. Sie kann sich nicht mehr bewegen, er kniet hart auf ihr und hält ihre Hände eisern am Rücken fest. »Halt still!«, zischt er, und zurrt ein dünnes, festes Band über ihre Handgelenke. So streng, dass es wehtut und sie leise stöhnt. Dann dringt er dort ein, wo er es am liebsten hat. Von hinten. Geiler, wilder Sex. Sie ist ihrem Peiniger ausgeliefert, und sie braucht das. Die Stöße werden immer heftiger. Sie gehört ganz ihm, und seiner Geilheit. Sie spürt, dass seine Hände ihren schmalen Hals umfassen. Sein Schwanz zuckt in ihrem Körper. Seine Hände halten ihren Hals fest umklammert. Er drückt zu, gnadenlos, sie schnappt nach Luft. Sie muss alles über sich ergehen lassen. Alles erdulden. Sie ist ausgeliefert, diesem Mann und seiner gewaltigen Sexualität. Ein noch nie dagewesenes Feuer der Lust durchströmt ihren Unterleib.

* * *

»Atemkontrolle« ist eine spezielle, sadomasochistische Sexualpraktik. Der aus Wechselspiel von Dominanz und Unterwerfung gewonnene Lustschmerz wird dadurch erzeugt, dass die Atmung des Partners entweder erschwert oder sogar kurzfristig unterbunden wird. Etwa dadurch, dass sich der dominante Partner auf dessen Oberkörper legt und ihm die Atemwege verschließt. Das soll einen sexuellen »Kick« auslösen, den Orgasmus in ungeahnte Höhen treiben. Ein gefährliches Spiel. Das Gehirn reagiert sehr anfällig auf Sauerstoffmangel, es kann zu zerebralen Schädigungen kommen. Bis hin zu Todesfällen.

* * *

Dass Moritz Stil hat, zeigt sich auch in der Auswahl des Urlaubszieles. Selbstverständlich wird es kein schnöder All-inclusive-Urlaub, sondern: Korsika. Moritz spricht hervorragend Französisch und macht damit großen Eindruck auf Mona, die ihr Schulfranzösisch längst vergessen hat. Es werden zwei wunderbare Wochen auf der wildromantischen »Insel der Schönheit«: Sie baden an traumhaften Stränden, wandern durch das raue, unberührte Bergland aus schroffen Felswänden und Steilhängen. Moritz zeigt sich entspannt und so einfühlsam, wie er zu Beginn der Beziehung war. Mona bemerkt erst jetzt, wie sehr sie seine Streicheleinheiten vermisst hat.

Wieder in Wien, verändert sich seine Stimmung auf unerklärliche Weise. Als sie vor seinem Haus stehen, fragt er sie: »Würde es dir etwas ausmachen, wenn du heute ausnahmsweise bei dir übernachtest?« Sie hat ihre Wohnung noch immer nicht aufgekündigt. Irgendetwas in ihr hatte sie zurückgehalten, ihr kleines Refugium aufzugeben. Mona ist konsterniert. Moritz blickt sie streng an: »Ich muss jetzt einfach mal alleine sein. Das verstehst du doch?« Mona zermartert sich den Kopf, sucht die Schuld bei sich. Habe ich ihn am letzten Abend verärgert, weil ich ein bisschen beschwipst war? Ich dumme Kuh habe wohl zu viel über meinen Ex geredet ... Sie beschließt, Moritz am nächsten Tag anzurufen und sich bei ihm zu entschuldigen.

Doch hebt er nicht ab und ist den ganzen Tag über nicht erreichbar. Erst am späten Abend piepst ihr Handy. Eine SMS von ihm, Gott sei Dank. Sie öffnet sie und liest: »Es ist vorbei. Wir passen nicht zusammen.« Auch wenn Mona klar ist, dass es keinen Sinn hat, ruft sie ihn sofort an. Es meldet sich die Mobilbox. Monas Hände zittern. Sie muss jetzt unbedingt mit jemandem sprechen. Obwohl es bald Mitternacht ist, ruft sie ihre Freundin Laura an. Sie hat schon geschlafen. Mona weint in den Hörer. »Verzeih mir bitte. Mir geht's scheiße. Moritz ist verrückt geworden ...« Laura hat Verständnis für ihre langjährige beste Freundin. Sie telefonieren fast zwei Stunden. Laura hämmert ihrer Freundin ein: »Ruf ihn ja nicht an. Männern darf man nicht nachlaufen. Schon gar nicht solchen wie Moritz. Weißt du, mir wäre lieber, es wäre endgültig aus zwischen euch. Der Typ tut dir nicht gut ...« Die Nacht bleibt schlaflos für Mona.

* * *

Es ist nachts. Sie kann nicht schlafen. Sie steigt in ihren

silbernen VW Golf und fährt langsam ins Villenviertel. Sie parkt sicherheitshalber ein paar Gassen von seinem Anwesen entfernt. Schleicht sich langsam an, wie eine Jägerin. Die indirekte Beleuchtung der Außenlampen wirft ein sanftes, orangenes Licht auf die Fassade. Drinnen ist es stockdunkel. Sie ruft ihn an, mit unbekannter Nummer. Er hebt ab. Sie sagt nichts. Moritz' Stimme klingt verärgert: »Wer ist da?« Er legt auf. Er weiß, dass sie es war. Sie hat jegliche Achtung vor sich selbst verloren.

* * *

Und dann ruft er an. Es sind fast vier Wochen vergangen. Er klingt so, als ob nichts gewesen wäre: »Ich brauche dich heute ...« Sie ziert sich, weil sich das so gehört. Sie kann doch jetzt nicht auf seinen Befehl springen! Tut sie aber. Abends fährt sie zu ihm. Er ist ungezähmt und wild. Als er abspritzt, drückt er ihr für einen Augenblick die Kehle zu. Kurze, heftige Lust flammt in ihr auf. Animalisches Stöhnen dringt aus ihrer Kehle.

Danach serviert er ihr ein feines Mahl aus Schafskäse, Serrano-Schinken und Oliven, dazu spanischen Rotwein. Sie zieht wieder bei ihm ein.

* * *

»Zuckerbrot und Peitsche« nennen Psychologen dieses Spiel. Moritz versteht sich hervorragend darauf: Mal verwöhnt er Mona über alle Maßen, gibt sich einfühlsam, verständnisvoll und kultiviert. Dann wieder behandelt er sie wie ein Stück Vieh. Weh tut es nur dann, wenn er sie von sich stößt. Eiskalt abblitzen lässt, wenn sie um Liebe bettelt.

Das unsichtbare Band, das sie aneinanderbindet, ist diese spezielle, extreme Ausprägung ihrer Sexualität. Sie sind zwei

Pole, die sich in wunderbarer Weise ergänzen, für beide ist es der vollkommene Sexualakt: Moritz braucht es, seine Partnerin zu dominieren. Sie findet ihre sexuelle Erfüllung darin, seine starke Begierde zu befriedigen.

Und die wird mit der Zeit immer extremer. Er überrascht sie mit einem »Sklavenvertrag«: »Herr, ich bin nur für dich und deinen heiligen Trieb geboren worden. Du machst mit mir, was du willst. Ich bin dein Spielzeug. Es gehört dir, solange du damit spielen willst. Herr, ich danke dir, dass ich von dir benutzt werden darf.« Er hält ihr das Papier hin und herrscht sie an: »Unterschreib!« Sie kann sich nicht zurückhalten und bricht in Gelächter aus. Er verlässt den Raum, kehrt nach wenigen Minuten zurück – mit einem großen Revolver in der Hand. »Das ist eine Magnum 38«, erklärt er ihr mit süffisantem Blick. Sie bittet ihn, die Waffe wegzulegen, und unterschreibt zitternd.

Es kommt immer öfter vor, dass Moritz ihr Angst macht.

* * *

Es ist ein Samstag. Sie waren im Akademietheater, am Programm stand der »Boxer«, ein modernes Stück von Felix Mitterer. Danach haben sie eine Wein-Bar aufgesucht. Sie ist schon ein bisschen beschwipst, als sie eine Bemerkung über den »durchtrainierten Körper« des Hauptdarstellers Gregor Bloéb macht. Moritz blickt sie finster an, winkt den Kellner herbei, zahlt, packt sie am Oberarm und schiebt sie zur Ausgangstüre.

Zu Hause knallt er die Türe hinter sich zu und herrscht sie an: »Geh hinauf!« Sie tut, wie ihr befohlen. Zieht sich nackt aus, legt sich ins Bett, igelt sich ein. Sie hört, wie er unten in der Küchenlade hantiert. Er kommt nach oben. Er steht vor ihr. Er packt sie an der Schulter, zieht sie an sich, dringt brutal in sie ein, während er mit einer Hand ihren Hals umfasst. Plötzlich spürt sie etwas Kaltes, Scharfes an ihrer Kehle. Er wird immer heftiger, immer brutaler, wie von Sinnen rammt er seinen Schwanz in sie. Als er gekommen ist, stößt er sie von sich. Erst jetzt sieht sie, was er ihr während des Geschlechtsverkehrs an die Kehle gehalten hat: ein riesiges Fleischermesser.

Aber sie liebt ihn. Unbeirrt und kompromisslos. Denn da ist auch seine andere, sensible Seite. Tief in ihrem Inneren fühlt sie, dass er doch nur ein verletztes Kind ist. Wenn er von seiner lieblosen Kindheit erzählt, und von seinem Hass auf die Mutter, nimmt sie ihn in die Arme und streichelt seinen Kopf. Die Glücksgefühle, die sie verspürt, während er langsam zur Ruhe kommt, sind unvergleichlich.

* * *

Es ist mitten in der Nacht, sie weiß nicht, was sie aufgeweckt hat. Sie greift auf die andere Bettseite. Moritz ist nicht da. Sie steht auf und geht hinunter. Sie ist splitternackt. Die Balkontüre ist einen Spalt geöffnet. Er steht draußen und raucht. »Moritz?« Er dreht sich um und blickt sie seltsam an. Langes Schweigen, dann sagt er: »Geh hinauf, ich komme gleich ...« Sie liegt zusammengerollt im Bett und hört, wie er langsam die Treppe hochsteigt. Zigarettenrauch kitzelt in ihrer Nase. Ein brennender, scharfer Schmerz bohrt sich in ihren Rücken. Sie schreit. Er hat die Zigarette auf ihrem Rücken ausgedämpft. Sie springt aus dem Bett, will ihm entkommen, doch er packt sie am Hals und würgt sie, bis sie die Besinnung verliert. Als sie wieder zu sich kommt, liegt er rücklings neben ihr und blickt zur Decke. Seine Augen schimmern rötlich. Hat er geweint? »Mona, bitte verzeih mir. Diesmal bin ich zu weit gegangen ...«

Sie verzeiht, denn die Liebe versteht alles. Aber ihre Angst, dass er die letzte Grenze überschreiten könnte, ist größer geworden. Und Moritz scheint das zu wissen. Er spielt mit dieser Angst.

* * *

Sein Trieb wird manchmal so übermächtig, dass er sofort befriedigt werden muss.

Es ist ein Sonntagabend. Sie sind auf der Autobahn unterwegs. Ein Wellness-Wochenende in der Steiermark liegt hinter ihnen. Moritz war entspannt wie schon lange nicht mehr. Plötzlich fährt er von der Autobahn ab und lenkt das Auto in Richtung eines einsamen Waldweges. Er klappt den Beifahrersitz und herrscht sie an: »Zieh die Hose runter!« Sie ist ihm nicht schnell genug, er zerrt ihr die Hose vom Leib, dann fesselt er sie damit. Während er sie vergewaltigt, erfasst er ihren Hals und blickt tief in ihre Augen: »Ich werde dich jetzt töten!« Gurgelnde Laute entkommen ihrer Kehle, doch sein Griff bleibt gnadenlos. Sie verliert die Besinnung. Als sie wieder aufwacht, sitzt er seelenruhig neben ihr. »Du hast lange geschlafen!« Er tätschelt ihre Wange, lässt sie an seiner Zigarette ziehen. Sie sind immer noch im Wald. Später, wieder auf der Autobahn, sagt er mit ruhiger Stimme: »Eines Tages wirst du dabei sterben.«

»Moritz, ich mag solche Scherze nicht.« Er sieht ihr direkt in die Augen. Dann lächelt er und sagt leise: »Ich kann für nichts garantieren ...«

* * *

Sie hat gespürt, dass es so kommen wird. Seit Wochen kommt er erst spätnachts nach Hause. Sie weiß, dass sie nicht fragen darf, es würde ihn wütend machen. Was sie jedoch wirklich beunruhigt: Sein sexueller Appetit ist fast gänzlich abhandengekommen.

Die SMS ist typisch Moritz, im prägnanten Telegrammstil: »Es ist aus. Diesmal endgültig. Ich erwarte, dass du bis Sonntagabend deine Sachen gepackt hast. Den Schlüssel schick per Post. Anja zieht ein.«

Anja also. Die junge Nachwuchs-Anwältin, die erst vor wenigen Monaten das Team der Anwaltssozietät K., M. & Partner verstärkt hat. Mona kennt sie flüchtig, hat sie mal kurz in der Kanzlei gesehen. Sie ist langbeinig, groß gewachsen, mit langen blonden Haaren – aber sonst? Eine Tussi. Hübsch, aber langweilig. Keine Persönlichkeit, kein Stil. Frauen von dieser Sorte laufen zigfach herum. Mona ist geradezu enttäuscht über Moritz' Geschmack, was ihre Nachfolgerin betrifft. Aber sie ist sich sicher, dass das mit dieser Anja nichts werden kann. Dass er bald zu ihr zurückkehren wird. Sie braucht jetzt Geduld. Abwarten, bis er genug von dieser dummen Pute hat. Vielleicht läuft sie ihm ja schreiend davon, wenn er das erste Mal Sex mit ihr hat …

* * *

Es vergeht ein Monat. Moritz hat sich noch immer nicht gemeldet. Sie hält es nicht mehr aus. Sie nimmt ihr Handy, stellt die Anrufer-Identität auf »Unbekannt«, scrollt seinen Namen. Unschlüssig blickt sie auf das Display. Dann tippt sie auf den Namen. Es läutet nur kurz. Als sie seine Stimme hört, schnürt es ihr die Kehle zu. Der Besetzton ertönt. Aufgelegt. Sie schämt sich.

Inzwischen hat sie das Instagram-Profil dieser Anja herausgefunden. Anders als Moritz, der ein social-media-Muffel ist, postet die junge Dame munter Bilder aus ihrem Leben. Sie und Moritz, eng umschlungen. Sich wild küssend, lachend. Lange betrachtet sie die Bilder. Sie wirken aufgesetzt. Nein, das ist keine echte Liebe.

Nach Arbeitsschluss fährt sie mit der U-Bahn zu seiner Kanzlei in der Innenstadt. Sie verschafft sich Zugang zum Stiegenhaus und wartet so lange auf der Kellerstiege, bis er aus dem Büro kommt. Sie weiß nicht, was sie vorhat. Vielleicht ihn ansprechen? Oder besser nicht? Sie will ihn einfach nur sehen. Seinen Duft schnuppern, wenigstens ein paar Augenblicke lang.

Es ist kurz nach einundzwanzig Uhr, als Moritz die Kanzlei verlässt. Neben ihm Anja, die ihren Arm um seinen eingehängt hat. Sie wirken gut gelaunt und kichern. Mona verharrt auf der Kellerstiege. Erst Minuten, nachdem das Haustor ins Schloss gefallen ist, wagt sie sich aus ihrem Versteck.

Ein anderes Mal legt sie sich wieder vor seinem Haus auf die Lauer. Er kommt alleine. Hat er endlich Schluss gemacht mit der Tussi? Der Gedanke ermutigt sie, ihn wieder anzurufen, und diesmal gibt sie sich zu erkennen. Seine Stimme klingt kalt und abweisend. Sie stammelt hilflos, wirres Zeug: »Ich kann dich nicht vergessen. Ich habe eine Überdosis Schlaftabletten genommen …« Dann versagt ihre Stimme. Er legt wortlos auf.

* * *

Längst ist ihr nichts mehr peinlich. Sie treibt sich in der Nähe seiner Kanzlei herum, fährt nachts zu seinem Haus, beobachtet die Fenster. Stalking pur. Ihre Hoffnung, dass Anja aus seinem Leben verschwinden wird, hat sich nicht erfüllt. Ihre Nachfolgerin hängt wie eine Klette an seiner Seite. Sein finsterer Blick scheint aber zu verraten, dass er nicht glücklich ist. Mona weiß, dass Anja ihm niemals das geben kann, was er braucht …

Inzwischen stalkt sie auch ihre Nachfolgerin. Schaut täglich nach, ob sie wieder Bilder gepostet hat. Lächerlich, wie sie turteln. Wie unreife Teenager, findet Mona. Offenbar hat diese Tussi immer noch keine Ahnung, mit wem sie es zu tun hat. Weiß nichts von seiner dunklen Seite. Seiner unbändigen Sucht nach Sex, Dominanz und Erniedrigung. Ein teuflischer Gedanke blitzt in ihr auf. Vielleicht sollte sie ein bisschen nachhelfen?

Die Bilder. Moritz hat ihre Sex-Szenen gefilmt, um sich

daran aufzugeilen. Sie holt ihren alten Laptop hervor, durchstöbert die Dateien. Der Ordner ist noch da! Sie klickt die Dateien an. Betrachtet Genitalien, die sich der Kamera entgegenstrecken. Perverse Stellungen, in allen Varianten. Sie fertigt Screenshots an, druckt die Bilder aus. Jene, auf denen ihr Gesicht erkennbar ist, zerkratzt sie mit einer Nagelschere. Dabei wird es ihr bewusst: Sie hat keine Sehnsucht mehr nach diesem brutalen Sex. Sie steckt die ausgedruckten Bilder in ein Kuvert und beschriftet sie: »An die Anwaltssozietät K., M. & Partner, zu Handen Frau Mag. Anja L.« Der Gedanke, dass die Post von der Kanzleikraft geöffnet wird, entlockt ihr ein maliziöses Lächeln.

* * *

Seit dieser Aktion ist ihr leichter. Der innere Zwang, seine Nähe zu suchen, ist fast ganz verschwunden. Sie fühlt, dass sie ihn vergessen wird. Sie steht im Stiegenhaus und sperrt gerade ihre Wohnungstüre auf, als er plötzlich hinter ihr auftaucht. Er packt sie brutal an der Schulter und schiebt sie in ihre Wohnung. »Du dreckige alte Hure wirst mich nicht zerstören!« Bevor sie etwas sagen kann schlägt er ihr mit der geballten Faust ins Gesicht. Sie verspürt einen Knacks und sackt zusammen. Verächtlich spuckt er die am Boden Liegende an, dann schlägt er die Türe hinter sich zu.

* * *

»Nasenbeinbruch mit verschobenen Bruchenden. Prellmarken am ganzen Körper. Das sind schwere Verletzungen.« Mona W. nickt wortlos. Ich lege die Krankengeschichte auf meinen Schreibtisch und erkläre ihr: »Wir werden Schmerzensgeld fordern. Auch für das psychische Trauma, das Sie erlitten haben.«
Mona W. räuspert sich, bevor sie zu erzählen anfängt.

»Frau Doktor, ich muss Ihnen noch etwas sagen ...« Ich habe Zeit, sie ist heute meine letzte Klientin. Zeit für diese unglaubliche Geschichte von Liebe, Hörigkeit, Macht und den extremsten Sexualpraktiken, die ich an diesem Abend erfahren werde.

»Hatten Sie keine Angst? Sauerstoffmangel kann bleibende Schäden im Gehirn verursachen ...«, frage ich sie. Mona W. blickt mich betreten an: »Wissen Sie, ich habe es immer auf meine schlechte nervliche Verfassung zurückgeführt. Die Konzentrationsstörungen. Das Zittern in den Händen. Als Violinspielerin trifft mich das sehr.« Ich blicke ihr ernst ins Gesicht: »Das müssen wir abklären. Ich gebe Ihnen die Adresse eines guten Neurologen.«

Wenig später liegt der Befund vor. Das MRT-Bild zeigt eine »diffuse zerebrale Hypoxie«. Ich rufe den Neurologen an, der mir den Befund erklärt: Es handle sich um Hirnschäden, die offenbar durch die Drosselung der Blutversorgung verursacht wurden, und: »Es ist durchaus wahrscheinlich, dass dies im Zusammenhang mit der Sexualpraktik der Atemkontrolle steht.« Mona W. werde vielleicht nie wieder auf ihrer geliebten Violine spielen können.

Ich diktiere einen Brief an Dr. Moritz M., in dem ich im Namen meiner Klientin eine Schmerzensgeldforderung im mehrstelligen Bereich geltend mache. Das Antwortschreiben enthält nur eine einzige Zeile: Die Forderung wird abgelehnt.

Wir klagen.

* * *

Eng sitzende schwarze Lederhose, knallgelbes Hemd, dunkelblaues Sakko. Keine Krawatte. Nein, er sieht definitiv nicht wie ein typischer Wirtschaftsanwalt aus. Er ist nicht besonders groß, jedoch gut proportioniert und trainiert offensichtlich regelmäßig. Aber er ist so gar nicht mein Typ. Vielleicht liegt es auch daran, dass ich voreingenommen bin.

Ein klangvoller Gong-Ton reißt mich aus meinen Gedanken. »Rechtssache Mag. Mona W. gegen Dr. Moritz M.!« ertönt es aus dem Lautsprecher. Wir betreten den Saal.

Die Verhandlung beginnt, und Moritz M. bestätigt mein Vorurteil durch sein arrogantes Auftreten.

Es ist juristisches Neuland, das wir hier betreten. Mein Gegner argumentiert damit, dass meine Mandantin in die Sexualpraktik der Atemkontrolle eingewilligt habe. Er könne daher für allfällige Folgeschäden nicht haftbar gemacht werden. Ich bestreite: Meine Mandantin wurde vergewaltigt! »Aber sie hat mitgemacht, freiwillig!«, kommt es zurück. Ich halte dagegen, dass nur jemand einwilligen kann, der die Tragweite und die Folgen seiner Einwilligung kennt. Und das sei hier nicht der Fall gewesen.

Die Richterin gibt ein neurologisches Gutachten in Auftrag. Es bestätigt den Befund meines Neurologen: Die zerebralen Schäden seien »mit an Sicherheit grenzender Wahrscheinlichkeit« durch die Drosselung der Halsschlagadern und die damit einhergehende Sauerstoff-Unterversorgung des Gehirns verursacht worden.

Unserer Klage wird stattgegeben.

* * *

Zur Schlussbesprechung in meiner Kanzlei erscheint Mona W. mit einem jungen Mann, den sie als ihren neuen Freund vorstellt. Er ist nicht besonders groß, aber sein Körper wirkt fit und durchtrainiert. Psychiater sagen, dass die sexuelle Orientierung eines Menschen ein Leben lang erhalten bleibt. Die bewundernden Blicke, die meine Klientin ihrem Begleiter zuwirft, scheinen es zu bestätigen: Sie hat wieder ihren Meister gefunden.

Negative Energie

Eigentlich ist es mir im Leben nie wirklich schlecht gegangen, sinniert Verena, als sie sich im großen Spiegel ihres Vorzimmers betrachtet.

Ihre Mutter entstammte einer ungarischen Adelsfamilie, der Vater war ein prominenter Augenarzt mit eigener Klinik in der Schweiz gewesen. Er hatte seiner einzigen Tochter ein ansehnliches Vermögen in Form von Grundstücken und Immobilien in Bern, Zürich und Wien hinterlassen. Verena hatte es nie nötig gehabt, einer regelmäßigen Erwerbstätigkeit nachzugehen. Nach ihrem Studium an der Wiener Kunstakademie trampte sie monatelang durch Südamerika, lernte in Bolivien einen Einheimischen kennen und lieben, verbrachte dort zwei Jahre, bis die Beziehung in die Brüche ging und sie wieder nach Europa zurückkehrte. In Wien lebte sie ein paar Jährchen ein süßes Bohème-Leben, malte Acryl-Bilder, stellte bei Vernissagen aus, versuchte sich auch im Schreiben, was sie aber bald wieder aufgab. Und dann traf sie auf Theo. Ein Maler wie sie, nur ernsthaft bei der Sache. Er hatte sich einen Namen gemacht, war in bekannten Galerien vertreten. Nach ein paar Jahren, eher aus einer Laune heraus, heirateten sie. So richtig spießig mit geladenen Gästen, Standesamt und Hochzeitsmahl. Und doch verstand es Verena, auch bei diesem Anlass für Aufsehen zu sorgen: In einem rückenfreien Hochzeitskleid in rosa Leopardenprint und einer Federboa.

* * *

Verena steht immer noch vor dem Spiegel, zückt ihren Lippenstift und zieht ihre Lippen nach. Neun Jahre bin ich jetzt mit Theo zusammen, sinniert sie weiter, und er tut mir gut. Nein, es ist nicht die feurige Liebe. Das war es von Anfang an nicht, da hatten sie beide schon zu viel erlebt. Theo war zweimal geschieden und vierfacher Vater. Obwohl er zu der Zeit, als sie ihn kennenlernte, längst von seiner Frau getrennt war, hatte es einen schmutzigen Scheidungskrieg um Haus und Unterhalt gegeben, und die beiden pubertierenden Töchter hatten sich von ihrem Vater losgesagt. Inzwischen hatten sich die Fronten beruhigt, Theo hatte wieder ein einigermaßen normales Verhältnis zu seiner Ex und seinen Mädchen.

Verena zupft ihre freche, rot gesträhnte Kurzhaar-Frisur zurecht, streicht mit ihren Händen über das enge, in zartem Blauton schimmernde Kleid und stellt mit Genugtuung fest: Ich sehe noch verdammt gut aus mit meinen dreiundfünfzig Jahren. Sie schnappt sich ihren schwarzen Lackledermantel, zieht sich ihre bunt gestrickte Pudelmütze über – die macht mich jünger, findet sie – und eilt aus dem Haus. Das Taxi wartet schon.

Das Firmengelände liegt in einer Industriezone weit draußen am Stadtrand. Die Gegend ist ihr ein bisschen unheimlich, jedenfalls wenn es so dunkel ist wie an diesem kalten Dezemberabend. Das Taxi bleibt beim hell erleuchteten Einfahrtstor stehen. Jemand hat darauf eine glitzernde Girlande, ein paar Christbaumkugeln und ein Schild angebracht: »Weihnachts-Vernissage im zweiten Stock!«

Sie eilt die Treppen hoch, das Gewirr aus Stimmen und klirrenden Gläsern kommt immer näher. Die Türe zu den Büroräumlichkeiten ist sperrangelweit offen. An den Wänden prangen großformatige Bilder verschiedenster Art. Ölgemälde, Aquarelle und Zeichnungen. Ihre Blicke suchen zwischen den vielen Menschen, die sie nicht kennt. Endlich erspäht sie ihn, winkt ihm zu. Theo lächelt zurück, zwängt sich durch die Menschen zu ihr, drückt ihr einen zärtlichen Kuss auf die Wange: »Wow, das Blau passt toll zu deinen Haaren!« Sie zwinkert ihm zu, kann sich ein ironisches »Ich bin deine Frau, und kein Gemälde ...« nicht verkneifen. Plötzlich ist sie da, direkt neben Theo. Eine grazile Frau mit schulterlangen, weißblonden Haaren. Die Frau betrachtet sie, wie ihr scheint, interessiert, geradezu neugierig. Sie ist nicht mehr ganz jung, ungefähr in ihrem Alter, und hat ein durchaus attraktives, feines Gesicht. Die rote Hornbrille auf der Stupsnase bildet einen interessanten Kontrast zu der mädchenhaften Ausstrahlung. »Verena, darf ich vorstellen: Linda, meine neue Galeristin. Sie ist sehr tüchtig. Sie hat die Vernissage hier organisiert.« Linda lächelt sie freundlich an. Ein bisschen zu freundlich, befindet Verena, und es beschleicht sie ein komisches Gefühl, das sie erst einmal nicht zuordnen kann. Als Verena sich wegdreht, um eine soeben eingetroffene Bekannte zu begrüßen, hat sie das Gefühl, dass Linda sie verstohlen von der Seite anstarrt. Sie dreht sich rasch wieder um und blickt Linda direkt ins Gesicht: Deren Lächeln ist eingefroren. Jetzt weiß Verena auch, was es war, das sie vorhin irritiert hatte: Lindas Augen sind starr. Sie lächeln nicht.

»Orange oder pur?« Verena nimmt das Sektglas vom Tablett des jungen Kellners und stürzt sich ins Getümmel. Sie will jetzt feiern, und nicht nachdenken. Darüber, dass Theo sich in den letzten Monaten verändert hat. Dass er viel weniger Zeit mit ihr verbringt, abends lange ausbleibt und sein Handy nicht abhebt, wenn sie ihn anruft. Und dass sein sexuelles Interesse an ihr völlig erloschen zu sein scheint. Sie weiß gar nicht, wann sie das letzte Mal miteinander geschlechtlich verkehrt haben. Es muss Monate her sein. Sie kippt den Sekt in wenigen Schlucken hinunter. Da ist er wieder, der fesche junge Kellner mit dem Tablett. Sie schnappt sich ein Glas Weißwein und prostet ihm lachend zu.

Als sie am nächsten Tag aufwacht, ist es schon fast Mittag. Sie ruft Theo an. Na sowas, er hebt sogar ab: »Du warst gestern ziemlich betrunken, meine Liebe. Linda und ich mussten dich in mein Auto verfrachten, und dann habe ich dich nach Hause gebracht. Kurier dich heute aus, Liebes!« Verena verbringt den ganzen Tag im Bett. Sie hat starke Kopfschmerzen, wegen des Alkohols. Vielleicht auch deshalb, weil sie zu viel nachdenkt. Über Theo. Und über diese Linda mit ihrem komischen Lächeln und den starren Augen.

* * *

Das Kuvert ist unfrankiert und ohne Absender. Der Postkasten hat am unteren Ende drei kleine Schlitze, durch die man feststellen kann, ob Post drinnen ist. Deshalb, so kombiniert Verena, muss der Brief vor höchstens einer Stunde eingeworfen worden sein. Denn Theo ist schon frühmorgens aufgebrochen. Wäre der Brief um diese Zeit schon im Postkasten gelegen, hätte er ihn sicherlich herausgenommen.

Es ist ein einziges DIN-A4-Blatt. Sie entfaltet es und liest die in großzügiger Schrift geschriebenen Worte: »Er ist weg. Er fickt Linda.«

* * *

Sie könnten von einem Verrückten geschrieben worden sein. Oder einem, der Theo seinen künstlerischen Erfolg neidet. Oder einem missgünstigen Weibsstück, das ihnen das gemeinsame Glück nicht vergönnt. Andererseits: Der Absender hat Insiderwissen. Er scheint diese Linda zu kennen und weiß, dass Theo gerade verreist ist. Er weilt für ein paar Tage im tschechischen Krumau, um an einer Vernissage tschechischer und österreichischer Künstler mitzuwirken. Oder doch nicht? Wo ist er jetzt? Böse Gedanken, oder sind es schon Ahnungen? Sie versucht, einen klaren Kopf zu behalten, ihre Gedanken zu ordnen, einen Plan zu entwickeln: Soll ich ihn jetzt gleich anrufen und zur Rede stellen? Oder besser abwarten und versuchen, ihm auf die Schliche zu kommen?

Das Gedankenkreisen an diesem Tag nimmt kein Ende, die folgende Nacht bleibt schlaflos. Am nächsten Morgen weiß sie, dass sie nicht alleine damit fertigwerden wird.

* * *

Sabine.
Ihre beste Freundin, seit Studententagen. Sie studierten damals an der Kunstakademie. Verena Malerei, Sabine Bildhauerei. Wie Schwestern waren sie zueinander gewesen. Waren gemeinsam durch Europa und Nordafrika getrampt, hatten gefeiert und den Männern den Kopf verdreht. Ohne Konkurrenzdenken, wie ein eingeschweißtes Team. Bis Theo in Verenas Leben trat. Und sie, wie das bei Verliebten nun mal so ist, plötzlich keine Zeit für ihre Freundin mehr hatte. Irgendwann wagte sie es nicht mehr, sich bei ihr zu melden. Aus Angst, schroff abgewiesen zu werden: »Verena? Du hast dich jahrelang nicht gemeldet. Ich will nichts mehr wissen von dir.«

Da fällt ihr ein: Sabine weiß nicht einmal von ihrer Hochzeit mit Theo. Sie war nicht eingeladen gewesen. Jetzt würde sie ihr alles erklären müssen. Auch, dass Theo sie inzwischen betrog. Sabine würde ihr antworten: »Ach, jetzt, wo du in der Scheiße steckst, bin ich gut genug für dich?« Wie eine miserable Versagerin würde sie vor ihrer einstmals besten Freundin dastehen.

Doch ihre Verzweiflung ist größer als ihre Angst vor einer Abfuhr. Sie scrollt am Display ihres Handys, bis »Sabine« angezeigt wird, und tippt kurzentschlossen auf den Namen. Es läutet nur drei Mal. Dann hört sie eine vertraute Stimme: »Verena! Wie schön, von dir zu hören!«

* * *

Noch am selben Abend hocken die beiden in einer gemütlichen Kneipe. Sabine hat sich kaum verändert: Drahtige Figur, strohblonde Mähne, kaum gebändigt durch ein buntes Haarband, immer noch quirliges Energiebündel.

Es ist wie früher. Nur das Gesprächsthema ist neu, und es beherrscht den ganzen Abend: Theo. Es ist lange nach Mitternacht, als die beiden Frauen eingehängt und fröhlich kichernd das Lokal verlassen. Als Verena ihre Haustüre aufsperrt, fühlt sie sich so gut wie schon lange nicht mehr. Sabine hat ihr Kraft gegeben. Ihr Mut gemacht, es mit ihrem Schicksal aufzunehmen. »Wenn du willst, werde ich herausfinden, ob er mit ihr was hat!«, hatte sie ihr angeboten. Und dann hinzugefügt: »Verena, du musst cool bleiben, darfst dir nichts anmerken lassen. Wenn er dich betrügt, muss er ausziehen und dir Unterhalt zahlen!«

* * *

Nach wochenlanger Observation durch Sabine steht es fest: Theo und Linda sind ein Paar. Küsse, Umarmungen, zärtliche Gesten, Sabine hat alles penibel in Tagebuchform notiert. Rückblickend gesehen hätte es dieses Aufwandes gar nicht bedurft: Verena, siegessicher ob des von ihrer Freundin gesammelten »belastenden Materials«, sagt es ihm eines Morgens auf den Kopf zu: »Du betrügst mich!« Theo knickt sofort ein. »Ich wollte es dir längst sagen ... Verena, ich habe nachgedacht: Ich liebe nur dich! Ich werde Schluss machen mit Linda!« Doch Verenas Stolz ist zu sehr verletzt. Das hat noch nie ein Mann mit ihr gemacht. Sie kann und will nicht verzeihen.

Die Scheidung ist schnell über die Bühne. Es gibt einen Vergleich, Theo muss aus dem Haus ausziehen und Verena eine hohe Abfindungssumme zahlen, im Gegenzug verzichtet sie auf Unterhalt.

***

Fuerteventura.
Ausgeflippte Studentinnen waren sie damals gewesen. Voller verrückter Träume, das ganze Leben noch vor sich. Gleich einem verheißungsvollen Kontinent, den es zu entdecken galt.
Dreißig Jahre ist das jetzt her. Es war Sabines Idee gewesen: »Wir gönnen uns einen Traumurlaub, um deine Scheidung zu feiern!« Sie wusste, dass Verena nicht zum Feiern zumute war, und hoffte, dass Sonne und Meer ihre verwundete Seele heilen würden.
Die Tage waren brütend heiß. Meist lagen sie im Schatten, lesend, träumend, Verena zeichnete ihre Skizzen. Wenn die Abendsonne am Horizont ins Meer versank, schwammen sie weit hinaus.

***

Verena weiß nicht, wie spät es ist, es muss lange nach Mitternacht sein. Sie waren in der Altstadt gewesen, hatten lange Gespräche bei gutem Wein geführt. Später sind sie nochmals an den Strand zurückgekehrt, um dem nächtlichen Rauschen des Meeres zu lauschen. Dieser regelmäßige, immer wiederkehrende Rhythmus hat Verena immer schon fasziniert. Er löst in ihr eine Ahnung von Ewigkeit aus. Vom immer wiederkehrenden Werden und Vergehen allen Seins. Der Wein scheint sie heute besonders zu beflügeln, sie hat ein bisschen zu viel davon erwischt. Sie lässt sich fallen und vergräbt ihre Hände in den feinen, kühlen Sand. Als sie rücklings daliegt und den prächtigen Sternenhimmel betrachtet, ist sie endlich wieder eins mit sich selbst. Mit der wunderbaren Natur, die sie umgibt. Mit dem Leben. Sie weiß nicht, wie lange sie wortlos nebeneinander gelegen sind. Minuten,

Stunden? Sie waren wie in einer anderen Dimension. Zeit und Raum um sie herum schienen aufgehoben zu sein.

* * *

Es ist, als ob sie darauf gewartet hätte. Sabines Hand berührt ihre Wange, ein wenig zögerlich zuerst, streicht dann sanft über ihre Haut. Fährt behutsam über ihr Haar, zieht eine Locke aus ihrer Stirn. Verena schaudert. Ist es wegen des sachten, kühlen Nachtwinds? Sie dreht sich zur Seite und blickt ihrer Freundin ins Gesicht. Es ist in der Dunkelheit nur zu erahnen. Sabines Hand ist jetzt unter ihrem Baumwollleibchen, und die Bewegungen sind intensiver geworden. Während Sabine ihre Brüste massiert, spürt sie ihren Atem. Er wird immer schneller, intensiver, tiefer. Längst hat es auch sie erfasst, dieses Gefühl der Sehnsucht nach... Sie weiß es nicht zu benennen. Es ist unbeschreiblich weiblich. Erstmals seit Jahren fühlt sie sich wieder ganz Frau. Schön, begehrt, und: frei. Frei von den Konventionen ihrer letzten Jahre. Hier und jetzt, am Meeresstrand, unter freiem Himmel und mit Sabine, ist sie wieder angekommen. In ihrer wahren weiblichen Natur.

* * *

Sabine zieht bei Verena ein, und alle sollen von ihrem neuen Glück wissen: Sie geben eine »Verlobungsparty«, zu der die gemeinsamen Freunde »sehr herzlich eingeladen« sind. Auch Theo. Er kommt nicht.

Es werden drei schöne, ausgefüllte Jahre. Gemeinsame Reisen. Interessante Veranstaltungen, Diskussionsrunden. Ein feministisches Kunstprojekt – Sabine hat eine »gläserne Decke« gestaltet, um aufzuzeigen, dass Frauen im Berufsleben immer noch benachteiligt sind. Am liebsten sind Verena freilich die gemütlichen Abende zu zweit daheim.

* * *

Wie an jenem Sonntagabend. Draußen ist es bitterkalt, drinnen kuscheln die beiden Verliebten auf der breiten Wohnzimmercouch. Gerade noch hatten sie ausgelassen herumgealbert. Doch plötzlich verdunkelt sich Sabines Miene, und sie fragt mit ernster Stimme: »Was wird, wenn eine von uns stirbt?«

Zu dieser Zeit gab es noch keine eingetragenen Partnerschaften. Ein gleichgeschlechtlicher Lebenspartner galt als Fremder, der demnach auch kein gesetzliches Erbrecht hatte. Freilich konnte man seinen Lebenspartner testamentarisch als Erben einsetzen. Doch in diesem Fall fiel eine weitaus höhere Erbschaftssteuer an als bei einem verstorbenen Ehegatten.

Für Verena ist klar: Sabine ist ihr Lebensmensch. Kein Mann hatte ihr je so viel gegeben, hatte ihr so viel bedeutet wie diese Frau. Sie hatte einmal gehört, dass nur eine Frau imstande sei, die geheimsten Wünsche einer Frau zu erahnen und im Gleichklang mit ihr zu leben, weil auch sie weiblich denkt und fühlt. Bei ihr und Sabine trifft dies absolut zu, das spürt sie in ihrem Innersten.

Ein paar Tage später vereinbaren sie einen Termin bei einem Notar. Er setzt einen Vertrag auf, mittels welchem Verena die Hälfte des Hauses ihrem Lebensmenschen Sabine schenkt.

* * *

Es beginnt mit dem Geruch. Er durchdringt inzwischen das ganze Haus, Teppiche, Möbel, Kleidung. Sie riecht es auch, wenn sie nicht zu Hause ist, denn es gibt keinen Pulli, keine Hose, keinen Schal, an dem er sich nicht festgesetzt hat. Dieser süßliche Duft von Räucherstäbchen. Inzwischen wird ihr übel davon.

»Sabine, du übertreibst jetzt aber mit dem Hokus-Pokus!« Immer öfter bekommt Sabine solche Vorwürfe von ihrer Lebensgefährtin zu hören. Und ärgert sich. Darüber, dass Verena so unbedarft ist. Kein Interesse an den »geistigen Dingen« zeigt, die doch mit fortschreitendem Lebensalter immer bedeutsamer werden sollten. Ganz im Gegensatz zu ihr selbst, die seit einigen Monaten einem »spirituellen Gebetskreis« angehört, um zu ihrem »inneren Ich« zu finden.

»Euer Haus ist voller negativer Energie! Ihr müsst es ausräuchern, die bösen Geister verjagen«, hatte ihr Arthur erklärt. Arthur, das ist Sabines spiritueller Lehrer. Er hat längst einen festen Platz in ihrem Leben. Inzwischen verbringt Sabine fast jeden Abend in dem spirituellen Zentrum, in dem Arthur seine Vorträge und Kurse hält. Er hat sie davon überzeugt, selbst eine Ausbildung als spirituelle Lehrmeisterin zu beginnen. Sie ist mit großem Eifer und Begeisterung bei der Sache, fährt sogar zu einem Ausbildungskurs nach Deutschland.

Nach vier Wochen kehrt sie zurück – als anderer Mensch. »Spirituell erneuert«, wie Sabine über sich selbst meint. »Gehirngewaschen«, wie es Verena bezeichnet.

Die beiden streiten immer öfter. »Du bist voll negativer Energie!«, heißt es immer wieder, wenn Verena es wagt, Sabines fanatischen Glauben zu kritisieren. Wenn Verena sich darüber beklagt, dass man nichts mehr gemeinsam unternehmen würde, stellt Sabine sie als »oberflächlich« und »unreif« hin.

Verena versucht, sich einzureden, dass es sich nur um eine jener verrückten Phasen handelt, von denen es in Sabines Leben schon zur Genüge gegeben hatte. Sie erinnert sich daran, dass Sabine vor Jahrzehnten einen Freund hatte, der aus irgendeinem arabischen Land stammte. Für ihn wäre sie fast zum Islam übergetreten, hatte lange, wallende Kleider und Kopftuch getragen. Es folgte eine extremfeministische Phase – ihre Redewendung »Oh Göttin!« war ein Überbleibsel dieser Epoche. Verena hoffte, dass auch dieser Arthur und sein Gebetskreis letztlich nur eine Episode im verrückten, bunten Leben ihrer Freundin bleiben würde.

Sie hoffte vergeblich, und eines Abends zog Sabine den Schlussstrich unter ihre Beziehung: »Verena, deine negative Energie macht mich krank. Und nicht nur mich. Du verseuchst damit dieses Haus!«

* * *

Ist Sabine nur eine Episode im verrückten, bunten Leben seiner Ex-Frau? Drei Jahre lang hatte Theo diese Hoffnung gehegt. Verenas Anruf an diesem Freitagnachmittag kam dennoch überraschend: »Theo, ich will zu dir zurück. Sabine ist bei einer Sekte gelandet!« Ja, er liebt Verena immer noch, und er wird sie zurücknehmen. Es war ja gerade ihre Exaltiertheit, die ihm an ihr gefallen hatte.

Es könnte ein Happy End sein. Wäre da nicht die Sache mit der geschenkten Haushälfte. Verena ist entschlossen, sie sich zurückzuholen.

* * *

Verena K. zögert nicht lange, nachdem sie mit ihrem Theo vor meinem Besprechungstisch Platz genommen hat. »Als ich damals meine Haushälfte Sabine geschenkt habe, habe ich mich in einem psychischen Ausnahmezustand befunden!«, beginnt sie das Gespräch. Als ich nachfrage, worin dieser psychische Ausnahmezustand denn bestanden haben soll, schaut sie mich betreten an: »Na ja, ich war verliebt …« »Sie haben Recht«, stelle ich fest, »Verliebtheit ist ein psychischer Ausnahmezustand. Bei Verliebten ist jenes Zentrum im Gehirn, das für kritisches und rationales Denken zuständig ist, weitgehend deaktiviert. Ich bezweifle aber, dass das ausreicht, um einen Vertrag für nichtig zu erklären. Stellen Sie sich vor, wenn jeder, der einmal verliebt war, darauf pochen würde, dass seine Unterschrift deshalb ungültig sei! Streng genommen wäre jede Liebesheirat somit ungültig, da die Brautleute sie in einem psychischen Ausnahmezustand geschlossen haben!« Mein Versuch, die Situation durch meine flapsige Bemerkung aufzulockern, schlägt fehl: Meine Mandantin blickt mich entgeistert an. »Wir könnten versuchen, die Schenkung wegen eines Motivirrtums oder wegen groben Undanks zu widerrufen«, setze ich meine Ausführungen fort. »Beides wird aber schwierig. Die Beschenkte hat ja keine Straftat begangen.« Wir kommen überein, dass ich erst einmal einen Brief diktiere, in dem ich Sabine eine außergerichtliche Abschlagszahlung zur gütlichen Bereinigung anbiete.

* * *

»Glaubst du, ich lasse mich von dir billig abspeisen? Ich werde nicht ausziehen, niemals. Wenn eine geht, dann bist das du! Verschwinde doch, zieh zu deinem faden Spießer! Du verseuchst mein Haus mit deiner negativen Energie!«

Wahrscheinlich wäre nichts passiert, wenn Sabine bei diesen Worten nicht gerade in der Küche gestanden wäre, um sich ihr veganes Abendmahl zuzubereiten. »Ich weiß nur mehr, dass ich ihr gegenüber am Küchentisch saß und mir plötzlich übel wurde. Von dem Geruch, dieser penetranten Mischung aus Räucherstäbchen, Speiseöl und Sabines exotischem Parfüm. Da fiel mein Blick auf die Magnetleiste mit den Messern. Eines davon ist ein langes Fleischermesser. Dann durchzuckte mich ein weißer Blitz …«, gibt Verena K. später bei der Polizei zu Protokoll. Insgesamt fünf Mal hat sie auf ihre Ex-Freundin eingestochen. Sabine erlitt lebensgefährliche Verletzungen, doch sie überlebte – mit schweren Dauerfolgen. Sie wird wahrscheinlich zeitlebens unter Lähmungserscheinungen leiden.

* * *

Die Staatsanwältin vermutet einen Ausbruch lang aufgestauter Hassgefühle und erhebt Mordanklage.

Ich setze alles daran, um die Geschworenen von einem Totschlag zu überzeugen. Lasse ein psychiatrisches Gutachten einholen, das meiner Mandantin zum Tatzeitpunkt eine starke affektive Erregung attestiert. Damit ist ihre Zurechnungsfähigkeit zumindest herabgesetzt.

* * *

Manche haben später gemeint, dass Verena K. eine hervorragende Schauspielerin sei. Von ihrem Narzissmus war vor Gericht nichts mehr übrig: Auf der Anklagebank wirkte sie ungemein zerbrechlich. Der blasse Teint, der mit den roten Haarsträhnchen gut kontrastierte, ließ sie viel jünger, fast mädchenhaft erscheinen. Das dunkelblaue Kostüm zur hochgeschlossenen, weißen Bluse betonte ihre schlanke Figur.

Ich glaube nicht, dass meine Mandantin vor Gericht nur eine Rolle gespielt hat. Vielmehr ist Verena K. ein facettenreich schillernder Mensch, der offenbar viele Persönlichkeiten in sich vereint.

Die Geschworenen gestehen der Angeklagten eine heftige Gemütserregung zu: Der Verlust des geliebten Hauses habe sie dermaßen belastet, dass sie zur Tatzeit einen »Tunnelblick« gehabt habe – daher kein Mord, sondern Totschlag. Wegen der bisherigen Unbescholtenheit, dem reumütigen Geständnis und der Tatsache, dass das Opfer ihr vor Gericht verziehen hat, kommt Verena K. mit nur fünf Jahren Haft davon.

Das Haus jedoch verliert sie für immer: Sie hatte noch vor dem Prozess zugunsten ihrer Ex-Freundin auf ihre Haushälfte verzichtet – zur Abgeltung der Schmerzensgeldansprüche.

Der gute Sohn

Er stößt die angelehnte Türe auf und betritt das Zimmer. Seine Hände umklammern einen langen, dicken Prügel. Der Schein der Weihnachtsbeleuchtung hüllt den Raum in schwaches, rötlich dämmerndes Licht. Die Umrisse der beiden in ihren Betten liegenden alten Menschen sind nur schemenhaft zu erkennen. Er hält inne und lauscht den Atemzügen der in tiefem Schlaf Versunkenen. Dann tritt er vor das Bett der Frau und schließt die Augen. Er holt er weit aus und schlägt mit dem Prügel mit voller Wucht auf ihren Kopf. Einmal, zweimal, dreimal, viermal, immer und immer wieder. Kein menschlicher Laut ist zu vernehmen, nur das dumpfe Geräusch des auf den Schädel prallenden Dreschflegels. Wie oft er zugeschlagen hat, wird er später nicht mehr sagen können. Irgendwann hört er auf, weil es reicht. Weil sie jetzt ganz sicher tot sein muss.

Dann wendet er sich dem Mann zu. Der Alte ist wach geworden und im Begriff, aus dem Bett zu kriechen. Der Töter reißt den Prügel hoch, das Glas des Deckenlüsters splittert. Der Schlag trifft mit voller Wucht, der Schädel des wehrlosen Alten zerbirst. Der Töter kennt keine Gnade, er schlägt weiter zu, immer und immer wieder. Der Alte fällt krachend aus dem Bett, er lebt immer noch, windet sich in Richtung der Türe zum Nebenzimmer, während die schweren Hiebe auf ihn niederprasseln. Plötzlich öffnet sich die Türe, und der geliebte Familienhund, ein schwarz-weißer Border Collie, springt aufgeregt herein. Der Töter stolpert über das Tier, fällt auf den Rücken des sterbenden Mannes, hievt sich wieder hoch und drischt weiter auf ihn ein, ohne Unterlass. Auf den Kopf, auf die Arme, auf den Rücken …

Als er endlich innehält, ist es totenstill. Er schleppt den alten Mann zum Bett zurück, wirft seinen Oberkörper auf die Matratze, lässt ihn liegen. Dann nimmt er sein Handy vom Küchentisch und verständigt die Polizei.

* * *

Rückblende. Das schöne Tiroler Zillertal in den sechziger Jahren des vorigen Jahrhunderts. Die junge Saisonkellnerin des Hotels »Alpenrose« ist erschöpft vom langen Tag. Sie liegt schon im Bett und blättert gedankenverloren in einer Wochenzeitung, als ein Inserat ihr Interesse erweckt: »Ich bin schon alt und mache mir Sorgen«, heißt es darin. »Mein Sohn ist hörbehindert, und ich suche auf diesem Weg eine nette, anständige Frau für ihn.«

Die Saisonkellnerin zögert nicht, schon am nächsten Tag antwortet sie auf die Annonce: »Meine Freundin Heidrun ist hörbehindert. Sie lebt in der Steiermark und ist noch nicht vergeben.«

Rund eine Woche später steigen sie alle im Hotel »Alpenrose« ab: eine ältere, aber immer noch rüstige Dame aus Niederösterreich mit ihrem Sohn Alfred. Ein junger Mann mit hoher Stirnglatze und dicker Hornbrille. In seinem konservativen grauen Anzug wirkt er etwas steif, aber durchaus selbstbewusst. Heidrun, die beste Freundin der Saisonkellnerin, ist ein zartes Mädchen von Anfang zwanzig. Ihr blondes Haar hat sie sorgsam nach hinten gekämmt. Sie wirkt scheu und zurückhaltend.

Alfred ist genau zehn Jahre älter und entpuppt sich als höflicher junger Mann mit besten Manieren. Der gelernte Täschner ist einer, der genau weiß, was er will: Dieses Steirermädl ist jene Frau, die er gesucht und gefunden hat. Die Frau seines Lebens.

Nach rund einem Jahr schließen Alfred und Heidrun den

Bund der Ehe. Die Ehestifterin, Heidruns beste Freundin, ist zur Hochzeit eingeladen und freut sich mindestens genauso wie die Brautleute selbst.

Das junge Paar zieht in das Vorstadthäuschen am Rande Wiens, das Alfred und seine Mutter – der Vater war im Krieg gefallen – erbaut hatten. Im typischen Stil der fünfziger Jahre des vorigen Jahrhunderts: Spitzes Dach, kleine Räume, Mansardenzimmer im ersten Stock. Geheizt wird mit Brennholz.

Als Nachkriegskinder sind Alfred und Heidrun G. zur Sparsamkeit erzogen worden. Er ist ein geschickter Handwerker, der das Brennholz selbst schneidet. »Holzwurm!«, spöttelt ein Nachbar, als sich die Holzscheiteln immer höher der Hausmauer entlang stapeln. Heidrun, aus einfachsten Verhältnissen stammend, erweist sich als fleißige Hausfrau, die ihren Ehemann respektiert, ja bewundert.

Bald wird das Glück durch die Geburt eines Kindes gekrönt: Der Bub wird auf den Namen Erich getauft – und er kann hören! Die Eltern sind überglücklich und stolz. Die Oma, Alfreds Mutter, vergöttert ihren kleinen Enkel.

Erich wächst zu einem braven, pflichtbewussten Buben heran. Einem, der nie aufmuckt. Das hätte der strenge Vater auch nicht durchgehen lassen. Nur manchmal schmerzt es den Buben, wenn ihn die anderen Kinder hänseln: »Geh nach Hause zu deinen depperten Fuchtlern!« Erich ist keiner, der zurückschimpft oder sich wehrt. Im Gegenteil, er zieht sich lieber zurück. Einen richtigen Freund hat er nicht.

Erich lernt früh, Verantwortung zu übernehmen. Einkäufe, Behördenwege, Telefonate, Fahrtendienste oder Arztbesuche gehören zu seinen täglichen Aufgaben. Dabei ist »Dad«, wie er seinen Vater nennt, eine durchaus starke Persönlichkeit, manche meinen sogar: Alfred G. ist stur, verdammt stur. Dazu kann er noch recht ungeduldig sein, nicht nur mit seiner Frau, sondern vor allem mit seinem Sohn, »dem Kleinen«. Wenn Erich zu langsam ist oder ihm gar ein Missgeschick passiert, kann der Vater auch schon mal richtig zornig werden.

Seine Frau Heidrun ist sozusagen der Gegenpol: Bescheiden und zurückhaltend, trägt sie als Hilfskraft in einer Putzerei zum Familieneinkommen bei und hält den kleinen Haushalt tipptopp in Schuss.

Mit zehn bekommt Erich ein Geschwisterchen. Es ist ein Mädchen, die Eltern taufen es Klara. Es ist eine bescheidene, aber glückliche Kindheit. Ein Garten, in dem die Kinder nach Herzenslust herumtoben können. Im Sommer geht es mit den Fahrrädern an das »Meer der Wiener«, wie der Neusiedlersee auch genannt wird. Freunde hat die Familie jedoch kaum, und Besuch kommt so gut wie nie zu ihnen nach Hause. Man bleibt lieber unter sich, ganz nach dem Motto »Trautes Heim, Glück allein!«

* * *

Es geschah an einem Sonntagabend. Die Familie ist in ihrem VW-Käfer auf der Heimreise von der Steiermark, wo sie Heidruns Eltern besucht haben, als plötzlich ein entgegenkommendes Fahrzeug auf die Fahrbahn gerät. Frontalzusammenstoß. Alle Familienmitglieder erleiden schwere Verletzungen, am schwersten trifft es jedoch die kleine Klara: Die Wucht des Aufpralls hat ihren Körper aus dem Fahrzeug fast zwanzig Meter auf die Gegenfahrbahn geschleudert! Man hat den medizinischen Grund nie herausgefunden: Hat der Aufprall ihr Sprachzentrum zerstört, oder war es der Schock? Wie auch immer, seit diesem Unfall ist auch Klara hör- und sprachbehindert.

Erich fühlt sich zusehends als ihr Beschützer, die ohnedies schon innige Bindung zwischen den beiden Geschwistern vertieft sich. Er bringt sie täglich zur Schule, holt sie ab, hilft ihr bei den Aufgaben, nimmt sie auf den Fußballplatz mit.

* * *

Nach zweijähriger Arbeitslosigkeit – seine Firma hatte wegen des wachsenden Konkurrenzdrucks schließen müssen – geht Alfred G. mit Ende fünfzig vorzeitig in den Ruhestand. Seitdem engagiert er sich im Gehörlosenverband, wird sogar deren Sprecher.

Seine Kinder sind inzwischen erwachsen und stehen beruflich auf eigenen Beinen:

Klara ist ganz nach ihrer Mutter geraten. Das scheue, blonde Mädchen macht eine Ausbildung als Gehörlosenpädagogin. Sie ist noch sehr jung, gerade mal siebzehn, als sie ihren Freund kennenlernt. Der gleichaltrige Mann ist ebenfalls schwerhörig, kann aber Lippenlesen und sprechen. Nach einem Jahr zieht sie zu ihm, wenig später heiraten sie.

Erich hingegen bleibt bei den Eltern. Er hat eine Stelle bei der österreichischen Post angenommen, wo er sich die Zeit gut einteilen kann. Dadurch kann er weiterhin für seine Eltern da sein. Es ist freilich nicht unbequem für ihn: Die »Mamsch«, wie er seine Mutter immer noch liebevoll nennt, wäscht seine Wäsche und kocht gerne und gut für ihre beiden Männer.

Die Jahre vergehen, ohne dass sich Wesentliches im Leben der Familie G. ändert. Alfred und Heidrun werden langsam alt. Und gebrechlich. Charaktereigenschaften verhärten sich: Alfreds Sturheit und Heidruns Unterwürfigkeit ihrem Mann gegenüber. Die Abstände zwischen den Arztbesuchen und Spitalsaufenthalten, zu denen Erich seine »Oldies«, wie er seine Eltern liebevoll nennt, begleiten muss, werden immer geringer.

* * *

Eines Tages erfahren die Eltern aus der Zeitung, dass man Liegenschaften am besten noch heuer übertragen sollte, denn der Staat plane wieder einmal Steuererhöhungen. Sie suchen sich den günstigsten Notar, der das Einfamilienhaus dem Sohn überschreibt. Die Eltern sichern sich ein Wohnrecht.

Es wurde nie klar ausgesprochen, sondern hat sich einfach ergeben: Erich war schon immer derjenige, der sich um seine Eltern gekümmert hat, und er wird es auch weiterhin tun. Dafür hat er ja das Haus bekommen.

* * *

Auch der beschauliche Wiener Vorort bleibt von der wachsenden Kriminalität nicht verschont: In den neunziger Jahren häufen sich die Wohnungseinbrüche. Niemand wird sich später daran erinnern, wo Alfred G. den Baseballschläger besorgt hatte, den er fortan im Mansarden-Schlafzimmer neben sich in einem Kübel aufbewahrte. Zum Schutz der Familie vor potentiellen Einbrechern.

* * *

Wie jeden Morgen verlässt Erich auch an diesem ganz normalen Dienstag das Haus, um mit der Straßenbahn in die Arbeit zu fahren. Als er eingestiegen ist, beschleicht ihn ein beunruhigendes Gefühl: Der Vater hatte sich in der Früh übergeben, und als er sich von ihm verabschiedet hatte, war ihm etwas an dessen Gesicht aufgefallen: die leicht herunterhängende linke Backe. Kurz entschlossen steigt Erich bei der ersten Station wieder aus, um zu Hause Nachschau zu halten. Als er eintrifft, kauert der Vater über dem Küchentisch und ist nicht mehr ansprechbar. Erich verständigt umgehend die Rettung. Im Spital wird ein Schlaganfall diagnostiziert.

Spätestens jetzt sollte Alfred G. sich schonen. Die Ärzte raten wegen des unsicheren Gangs und der Sturzgefahr dringend zu einem Rollator. Doch der einstmals so aktive, selbstständige Mann weigert sich strikte. Er lässt es sich nicht nehmen, weiterhin täglich mit dem Hund spazieren zu gehen, auch wenn er sich in Wirklichkeit von Bank zu Bank schleppt.

Er verrichtet Gartenarbeiten und bastelt am und im Haus, als ob er noch ein gesunder junger Mann wäre. Wenn Erich ihm zur Hand gehen will, reagiert er unwirsch: Erich ist für ihn immer noch »der Kleine« und viel zu ungeschickt. Die vom Neurologen verordnete Rehabilitationstherapie lehnt er verärgert ab: »Ballspielen kann ich daheim auch!«

Und so bleibt die Last der Pflege bei seiner Frau hängen, und natürlich zunehmend auch bei Erich. Denn die tägliche Hausarbeit fällt der Mutter zusehends schwerer, sie wird ja nicht jünger. Hinzu kommen Arthritis, Asthma und Herzprobleme. Als Erich endlich eine Putzfrau organisieren will, lehnen die Eltern entrüstet ab: Sie wollen keine Fremde, die in ihren Sachen schnüffelt!

* * *

Bald gehören die Arzt- und Spitalsbesuche zu Erichs Alltag: Die Mutter muss zum Internisten und zum Orthopäden, der Vater außerdem zum Neurologen, und es gibt immer wieder Probleme mit Brillen und Hörgeräten. Die zunehmende körperliche Gebrechlichkeit seiner »Oldies« beunruhigt Erich. Was ist, wenn einmal einer von ihnen auf der Treppe stürzt, und er ist gerade nicht zu Hause? Er fleht sie an, endlich von dem im ersten Stock gelegenen Mansardenzimmer ins Erdgeschoss zu ziehen. Der Vater lehnt empört ab. Erich schlägt vor, in der Küche ein wenig umzubauen, damit die Mutter sich nicht mehr zum Kühlschrank bücken muss. Nein, stellen die Eltern einhellig klar, warum sollten sie im Haus etwas verändern, auf ihre alten Tage?

* * *

Alfred G. ist schon lange nicht mehr der stolze, aktive Mann von einst. Aber er will es nicht wahrhaben. Er beharrt darauf, im Garten Holz zu schneiden, auch wenn seine Hände stark zittern und Erich ihm erschrocken die Kreissäge wegnehmen muss. Während die Sturheit des Vaters mit dem Alter zunimmt, wird Heidrun immer pessimistischer. Den Gedanken, einmal ohne ihren Alfred zu sein, kann sie nicht ertragen. Fünfzig Jahre sind sie inzwischen verheiratet, und sie hat sich, so wie viele Frauen ihrer Generation, zeitlebens für ihren Mann aufgeopfert.

Immer öfter sprechen die Eltern davon, dass sie gemeinsam sterben wollen.

* * *

Die einstige Saisonkellnerin aus dem Zillertal lebt inzwischen in Deutschland und steht mit Heidrun G. in regelmäßigem Briefkontakt. Auch diese Weihnachten erhält die Ehestifterin von ihrer Freundin die obligatorische Weihnachtskarte. Die beiden Frauen ahnen nicht, dass diese Zeilen wenige Monate später eine wichtige Rolle in einem Schwurgerichtsprozess spielen werden.

* * *

Durch die lauten Böllerschüsse der Silvesternacht hat er ihre Hilferufe nicht gleich gehört. Als Erich zur engen Treppe stürzt, sieht er seine Mutter schwer verletzt liegen. Aus dem ersten Stock ist unverständliches Gebrüll zu vernehmen. »Es geht schon, schau hinauf zum Vater ...«, bedeutet ihm die Mutter, während sie vor Schmerzen stöhnt. »Als ich ihren Blick gesehen habe, hat es mir einen Stich gegeben. Immer hat sie nur an ihn gedacht. Sogar in diesem Augenblick, als sie in ihrem eigenen Blut gelegen ist«, wird Erich später erzählen. Er befolgt den Wunsch der Mutter und hechtet hinauf ins Mansardenzimmer: Der Vater hat sich gerade übergeben. Erich versucht, ihn zu beruhigen«, besinnt sich dann aber und ruft den Notarzt für die schwer verletzte Mutter. Der

Rettungswagen ist schnell da, sie wird ins nahe gelegene Krankenhaus eingeliefert. Durch den Sturz auf der engen, steilen Stiege hat sie Prellungen am ganzen Körper erlitten, vor allem am Kopf. Trotz starker Schmerzen, Übelkeit und Schwindel wird sie noch am ersten Jänner mit einem dicken Verband am Kopf in häusliche Pflege entlassen.

Nach der Rückkehr der Mutter aus dem Krankenhaus kann Erich die Eltern endlich überreden, ins Erdgeschoss zu ziehen. Mit Hilfe seines Schwagers räumt er das Wohnzimmer aus, dann werden zwei Betten mit einem kleinen Abstand in der Mitte nebeneinander geschoben. Als Nächstes ruft Erich beim »Hilfswerk« an, das eine Sozialarbeiterin vorbeischickt. Die kräftig gebaute Frau mittleren Alters zeigt sich etwas irritiert, als sie das enge Häuschen betritt, in dem offenbar schon seit längerer Zeit nicht mehr ordentlich geputzt worden ist. »Sie haben nicht mal ein richtiges Krankenbett für Ihren Vater«, bemängelt sie mit pikierter Stimme. Bevor sie das Haus verlässt, legt sie eine Liste auf den Küchentisch. Darauf finden sich Telefonnummern von Kurzzeit-Pflegeplätzen, mit denen Erich den Pflegenotstand überbrücken soll.

Nachdem er im Internet ein Krankenbett gefunden hat, macht Erich sich daran, bei den Kurzzeit-Pflegeplätzen anzurufen, es sind über zwanzig. Nicht überall wird abgehoben, wohl wegen der Feiertage. Ein paar Mal erklärt man ihm, dass er nach den Feiertagen nochmals anrufen und fragen soll. »Wir sind leider voll!«, lautet jedoch die häufigste Auskunft.

* * *

Es ist der zweite Jänner, kurz vor dreiundzwanzig Uhr. Erich fällt erschöpft ins Bett. Die letzten Nächte hat er so gut wie nicht geschlafen, und auch jetzt wälzt er sich unruhig umher. Im Nebenraum hört er die Mutter stöhnen. Dann brüllt der Vater: Er muss auf die Toilette. Als Erich den alten Mann aufrichtet, sieht er, dass er ins Bett gemacht hat. Nachdem er ihn auf die Toilettenschüssel gesetzt hat, wechselt er das Leintuch. Und schon wieder beginnt der Vater nach ihm zu rufen. Die Mutter stöhnt, vor Schmerzen und vor Angst. Erich legt den Vater wieder in sein Bett und deckt ihn sorgsam zu.

Irgendwann in den frühen Morgenstunden fällt Erich in einen kurzen, traumlosen Schlaf. Gegen sechs Uhr wacht er schlagartig auf. Es ist noch finster. Aus der halb offenen Türe dringt das rötliche Dämmerlicht der Weihnachtsbeleuchtung im Vorzimmer. Seine Hände sind schweißnass. Plötzlich ist er da. Zwanghaft, sein ganzes Gehirn beherrschend. Ein einziger Gedanke: »Es muss ein Ende haben.«

Er springt aus dem Bett, läuft die engen Treppen hoch, ins leere Mansardenzimmer, wo der Kübel mit dem Baseballschläger steht. Er packt ihn, stürmt hinunter ins Erdgeschoss, stößt die leicht zugezogene Türe zum Schlafraum seiner Eltern auf – und holt weit aus …

* * *

»Aus dem Verletzungsbild ist abzuleiten, dass zumindest acht wuchtige Schläge die linke Schädelhälfte, insbesondere im Bereich der Stirn-, Schläfe- und Scheitelregion getroffen haben, wobei aus der Form und der Anordnung der Verletzungen darauf zu schließen ist, dass Heidrun G. die Schläge in liegender Körperhaltung in rascher Abfolge (…) beigebracht wurden.«

»Aus dem Verletzungsbild kann auf zumindest neun wuchtige Schläge gegen die obere Brust-, Gesichts-, und Halsregion geschlossen werden (…) Weiters sind zumindest acht Schläge gegen die Scheitel- und Hinterhauptsregion des Alfred G. aus den Verletzungen abzuleiten (…) Zusammenfassend ist Alfred G. im Zusammenwirken eines Schädel-Hirn-Traumas, das mit einem offenen Schädeltrümmerbruch und einem Austritt von Hirngewebe im rechten Scheitelbereich einhergegangen ist,

sowie eines stumpfen Traumas gegen den Brustkorb und gegen den Hals, das mit beidseitigen Serienrippenbrüchen, Kehlkopfbrüchen, einer Quetschung und Ruptur des Herzens mit Herzbeuteltamponade, Rippenbrüchen mit Lungenanspießungen und Aufsprengungen der Wirbelsäule einherging, letztlich an einer mechanischen Herzlähmung aufgrund Herzbeuteltamponade im Herz-Kreislauf-Versagen eines gewaltsamen Todes verstorben.«

(Auszüge aus den Obduktionsgutachten betreffend die Opfer Heidrun und Alfred G.)

* * *

Nachdem er den Puls seiner Eltern befühlt und ihren Tod festgestellt hat, nimmt Erich sein auf dem Küchentisch liegendes Handy und ruft die Nummer des Polizeinotrufs. Er nennt korrekt seinen Namen und die Adresse, bevor er den Grund seines Anrufes erklärt: »I hab grad meine Eltern derschlagen.«

Wenige Minuten später treffen zwei Polizeibeamte am Tatort ein. Erich G. wartet schon vor der Eingangstüre und führt die Beamten dann in das Zimmer, in dem die völlig entstellten Leichen seiner Eltern liegen. Die Beamten sind sprachlos, ein derartiges Blutbad haben sie noch nie zuvor mit eigenen Augen gesehen. Als der nervöse Beamte den panisch umherlaufenden Hund erschießen will, fleht Erich darum, beim Einfangen helfen zu dürfen. Die junge Polizistin lässt sich erweichen, der Border Collie kann gefangen und von der Tierrettung mitgenommen werden.

* * *

Mittelgroß, leicht untersetzt. Hornbrille. Kurzes, semmelblondes Haar, das an einigen Stellen schon ergraut ist. Ein

Durchschnittsmensch. Im Prozess gewiss kein Nachteil, denke ich mir bei meinem ersten Haftbesuch, denn Geschworene können sich am besten in die »ganz normalen Menschen« hineinversetzen.

Erich G. steht sichtlich noch unter Schock. Vor zwei Tagen hat er seine Eltern erschlagen. »Wie kann man die Hand gegen die eigenen Eltern erheben«, wiederholt er stereotyp und blickt dabei mit seinen starren, blaugrauen Augen auf die Tischplatte. Als ich erkläre, dass ich mich schon jahrelang mit der menschlichen Psyche und deren Abgründen beschäftige und daher seine Tat nachvollziehen werde können, wenn ich erst einmal die Hintergründe kenne, erwidert er: »Sie können mich verstehen? Ich nicht. Wenn Sie mir einen Tag zuvor gesagt hätten, dass ich zu so etwas fähig wäre, ich hätte es niemals geglaubt. Mein Leben ist zu Ende.«

Ich frage ihn nach seiner Familie, nach Freunden. »Ich bin ein MOF …«, lautet seine Antwort. Über mein Nachfragen erklärt er mir die Bedeutung der seltsamen Abkürzung: Ein Mensch ohne Freunde.

»Ich habe eigentlich ein schönes Leben gehabt, ich kann mich nicht beklagen«, erzählt er weiter. Es habe sich halt alles nach den Eltern gerichtet, aber das habe er nicht als schlimm empfunden. Nur die Urlaube mit den Eltern, zumeist in irgendwelchen österreichischen Kurorten, hätten ihn gelangweilt, aber allein verreisen kam in Anbetracht deren Pflegebedürftigkeit natürlich nicht in Frage. Eine Partnerschaft zu einer Frau habe sich einfach nicht ergeben. Entspannung habe er bei ausgedehnten Spaziergängen mit seiner geliebten Border Collie-Hündin Lucy gefunden. Ihm sei nichts abgegangen. Eigentlich.

Nach dem einstündigen Gespräch habe ich ein wenig Einblick in das Seelenleben meines Mandanten gewonnen. Er ist ein ruhiger, introvertierter, wohl auch bequemer Mensch. Das, was hier geschehen ist, passt so gar nicht zu seinem bisherigen pflichtbewussten, ja spießbürgerlichen Leben. Ein

Phlegmatiker, der sich mit seinem Schicksal, als einziger Hörender in eine taubstumme Familie hineingeboren und damit für seine Eltern verantwortlich zu sein, scheinbar ganz gut abgefunden hatte. Zumindest hat er das selbst geglaubt, bis vor zwei Tagen ...

Als ich das Gerichtsgebäude verlasse, überlege ich mir noch, die Justizbehörden auf die mögliche Suizidgefahr hinzuweisen. Ich nehme davon Abstand, denn mein Mandant hatte beim Gespräch trotz seiner Verzweiflung einigermaßen gefasst gewirkt.

Am nächsten Tag ruft mich ein Beamter der Justizanstalt an und setzt mich vom Selbstmordversuch meines Mandanten in Kenntnis: Er hatte ein Betttuch in Streifen gerissen, um sich damit zu erhängen. Sein Zellengenosse hatte gerade noch rechtzeitig die Wache alarmiert.

Erich G. wird zunächst auf die Krankenstation und kurz darauf in den Pavillon 23 des Wiener Otto-Wagner-Spitals verlegt. Dort befindet sich die Station für Akutpsychiatrie, in der er die nächsten Monate verbringen wird.

* * *

Die Schwester meines Mandanten steht fest zu ihm. Und das, obwohl sie ihre Eltern sehr geliebt hat. Sie kommt in Begleitung ihres Lebensgefährten in meine Kanzlei, der kann gut Lippen lesen und fungiert als Dolmetscher. Klara ist eine attraktive junge Frau mit schlanker Figur und langen, blonden Haaren, die sie zu einem Pferdeschwanz zusammengebunden hat. Sie wirkt völlig verzweifelt, ihre Hände zittern, und bald führen wir das Gespräch in meiner Kanzleiküche fort, da sie sich unbedingt eine Zigarette anzünden muss – die Küche fungiert bei mir auch als Raucherraum. Es will der jungen Frau nicht in den Kopf, wie ihr Bruder diese entsetzliche Bluttat begehen konnte. Und dennoch ist und bleibt er ihr großer Bruder, mit dem sie eine schöne Kindheit verbracht hat. Er hat mit ihr gespielt, ist immer ruhig und lieb geblieben, auch wenn sie ihn noch so frech geneckt hat. »Er ist der liebevollste Mensch, den ich kenne«, hat sie bei der Polizei zu Protokoll gegeben. Später wird sie auch noch von der Haftrichterin vernommen, und die versucht offenbar, sie herauszufordern: »Frau Zeugin, in meinen zwanzig Jahren als Richterin habe ich noch nie so grausige Fotos wie jene aus der Tatortmappe gesehen! Bei Ihrem Vater hat es einen Gehirnaustritt gegeben. Und Sie stehen trotzdem zu Ihrem Bruder?« Ja, das tut sie. Klara, die scheinbar so hilflose, schutzbedürftige, taubstumme kleine Schwester beweist Standhaftigkeit und Stärke.

Wie in vielen anderen aufsehenerregenden Fällen erhalte ich Briefe von Menschen, die über den Fall in der Zeitung gelesen haben. Sie sind überraschend positiv, viele können die Tat irgendwie nachvollziehen: »Der Mann wurde im Stich gelassen, er war überfordert! Angehörige von pflegebedürftigen Menschen erhalten zu wenig Hilfe!«, lautet der Tenor. Auch Briefe von Menschen sind dabei, die Erich G. als ruhigen, freundlichen und hilfsbereiten Menschen erlebt haben. »Erich ist so ein lieber, gutmütiger Kerl, er konnte sich ja nicht einmal bei seinem Hund durchsetzen!«, schreibt mir eine Frau. Sie hat sogar eine Unterschriftenliste organisiert, von Menschen, die Erich G. nur das beste Zeugnis ausstellen können. Alle sind sie Hundebesitzer, die ihn in Begleitung seiner Lucy regelmäßig auf der Hundewiese getroffen haben. »Mein Hund war mein bester Freund«, fällt mir ein. Diesen Satz hatte mein Mandant gleich beim ersten Gespräch ausgesprochen.

* * *

Rund sechs Wochen nach der Tat muss mein Mandant wieder zum Tatort zurück. Die Richterin hat eine Tatrekonstruktion angeordnet.

Erich G. zeigt sich auch an diesem Tag pflichtbewusst. Mit zitternder, aber ruhiger Stimme beantwortet er brav die an ihn gestellten Fragen. Man überreicht ihm einen in schwarze Folie gewickelten Schläger, freilich eine Attrappe. Auf den am Boden ausgebreiteten Packpapierbögen liegen lebensgroße Puppen, eine davon trägt einen Rock, sie soll seine Mutter darstellen. Mit dem Schläger in der Hand demonstriert mein Mandant, wo er gestanden ist, wann und wo er hingeschlagen hat. Wie oft es war, weiß er freilich nicht. Nur in einem ist er sich sicher: »Es waren wuchtige Schläge. Ich wollte, dass es schnell und schmerzlos geht. Ich wollte sicher sein, dass sie tot sind. Ich wollte sie töten.« Dann versagt ihm die Stimme.

Ich weiß, dass er diesen Tag nur aufgrund der starken Psychopharmaka überstehen konnte, die man ihm seit seinem Selbstmordversuch verabreicht.

* * *

In den Monaten bis zur Verhandlung wird es zur Gewohnheit: Der wöchentliche Besuch bei meinem Mandanten. Auf knirschenden Kieswegen spaziere ich zwischen den eleganten Jugendstil-Pavillons des Otto-Wagner-Spitals, ganz hinauf bis zum Rand der Anlage. Der düstere Backsteinbau mit den vergitterten Fenstern liegt verborgen im Schatten hoher Bäume. Es ist der Pavillon 23, in dem die akutpsychiatrische Station untergebracht ist. Allmählich erhalte ich tieferen Einblick in das Seelenleben meines Mandanten. Ich habe einen Psychotherapeuten organisiert, der mich des Öfteren begleitet. Die Bindung meines Mandanten zu seiner Schwester Klara ist enger, als ich gedacht habe: Jedes Mal fragt er nach ihr. Er macht sich große Sorgen, ob sie es da draußen ohne ihn schaffen wird. Klara hatte erst nach vielen Wochen von der Staatsanwältin eine Besuchserlaubnis erhalten, und auch jetzt darf sie ihn maximal zweimal in der Woche sehen. Sie schickt mir regelmäßig Textnachrichten, in denen sie sich nach ihrem Bruder erkundigt.

* * *

Rund ein halbes Jahr nach der Tat, Ende Juni, beginnt der Schwurgerichtsprozess. Schon in den Wochen zuvor hatte sich die psychische Verfassung meines Mandanten zusehends verschlechtert. Er hat eine Riesenangst vor dem, was auf ihn zukommt: vor den reißerischen Medienberichten, vor der jungen Staatsanwältin, die sich in diesen Fall geradezu verbissen hat, vor dem Urteil. Und vor allem: vor dem »richtigen« Gefängnis, denn er befindet sich ja immer noch auf der forensischen Psychiatrie.

Die vorsitzende Richterin hat den Prozess für zwei Tage anberaumt. Und das ist gut so, denn die Geschworenen sollen genügend Zeit haben, sich ihr Urteil zu bilden und danach ausgeruht mit ihrer Beratung zu beginnen.

Als ich am Morgen des ersten Verhandlungstages vor dem Gerichtsgebäude eintreffe, hat sich schon eine lange Warteschlange von Schaulustigen gebildet. Mit meinem Anwaltsausweis werde ich gleich durchgelassen. Vor dem großen Schwurgerichtssaal haben sich Fotografen postiert. Alle warten gespannt auf den Angeklagten. Als dieser, flankiert von zwei Justizwachebeamten, im viel zu großen schwarzen Anzug eintrifft, geht das Blitzlichtgewitter los.

Erst Minuten später, im Verhandlungssaal, setzt die vorsitzende Richterin dem ein Ende: »Darf ich die Fotografen nun hinausbitten? Stehen Sie bitte auf, wir schreiten nun zur Vereidigung der Geschworenen!«, verkündet sie mit strenger Stimme.

Im Gegensatz zum medienwirksamen Auftakt verläuft das Verfahren ruhig und sachlich. Dies ist vor allem der vorsitzenden Richterin geschuldet. Sie will die Wahrheit herausfinden. Wie es soweit kommen konnte, dass ein völlig unbescholtener Mensch ein dermaßen unfassbares Verbrechen begehen konnte. Sie hat sich gründlich in den Akt eingelesen und versteht es, den Angeklagten penibel, aber dennoch mit großem Einfühlungsvermögen zu befragen. »Haben Sie eigentlich nie rebelliert in der Pubertät?«, bohrt sie in seiner Biografie. »Ja, einmal«, schluchzt er. »Ich habe mir ein Fahrrad gekauft. Der Vater hat geschimpft: Viel zu teuer!«

Wir Strafverteidiger machen leider immer wieder die Erfahrung, dass Geschworene passiv bleiben, kaum Fragen stellen, wohl auch aus Ehrfurcht vor den Berufsrichtern. Hier ist das anders: Die acht Laienrichter zeigen sich, gewiss auch ermutigt durch die Vorsitzende, besonders aufmerksam. Sie stellen viele Fragen, und es sind gute Fragen. Sie lassen darauf schließen, dass derjenige sich eingehend mit dem Fall beschäftigt.

Als Zeugen habe ich nicht nur Familienmitglieder meines Mandanten namhaft gemacht, sondern auch Bekannte und Freunde. Die Familie lebte zwar sehr zurückgezogen, dennoch gibt es einige, die Bescheid wissen. Die Schwester und ihr Lebensgefährte stehen hinter dem Angeklagten, aber auch die Freunde und ein Nachbar bestätigen seine übergroße Hilfsbereitschaft. Allerlei kleine Episoden bringen zutage, dass mein Mandant es mit seinem zu Jähzorn neigenden Vater wohl nicht leicht hatte. »Weil das Internet nicht funktioniert hat, hat Onkel Alfred beinahe den Laptop zertrümmert. Ist eh nur meiner, hat der Erich gesagt. Seine größte Angst war, dass sein Vater vor Aufregung wieder einen Schlaganfall bekommen könnte«, gibt eine Kusine zu Protokoll. »Ich kenn den Erich von klein auf, wir sind als Nachbarbuben gemeinsam aufgewachsen. Niemals habe ich ihn aggressiv erlebt!«, erzählt der Nachbar. »Er war sehr introvertiert, hat nichts von sich erzählt, ist immer gleich in seinem Büro verschwunden. Ich wusste nicht mal, dass seine Familie taubstumm ist! Aber er war anständig und kollegial, und seine Arbeit hat er tadellos verrichtet«, erklärt sein ehemaliger Vorgesetzter. Und jedes Mal, wenn ein Zeuge mit seinen Ausführungen fertig ist, fragt ihn die Richterin: »Können Sie sich diese Tat erklären?« Nein, niemand kann sich auch nur ansatzweise erklären, wie dieser stille, besonnene und verantwortungsvolle Mensch eine derartige Tat begehen konnte. »Er war nicht er selbst«, versucht es jene Bekannte zu erklären, die ihn von der Hundewiese kennt und die man getrost als die einzige enge Vertraute des Erich G. bezeichnen kann. Auch die Ehestifterin der Eltern, die einstige Saisonkellnerin aus dem Zillertal, habe ich als Zeugin beantragt. Sie hat trotz der räumlichen Entfernung immer Kontakt mit der Familie gehalten, war öfter auf Besuch in Österreich, und vor allem: Nur zwei Wochen vor der Bluttat hat sie von Heidrun G. eine Weihnachtskarte erhalten. Die Zeugin liest daraus vor: »Alfred hat noch seinen 85. Geburtstag feiern können und ich meinen 75er. Aber ohne Erichs tägliche Hilfe und Zuwendung wäre das alles nicht möglich gewesen für uns. Ich bin ihm so dankbar für all diese Dinge. Und glücklich, dass wir so einen guten Sohn haben, der so auf uns schaut. Was täten wir zwei ohne unseren Erich. Ich danke Gott dafür, dass er uns diesen Sohn geschenkt hat!«

* * *

Am zweiten Verhandlungstag sagt einer jener Polizeibeamten aus, die unmittelbar nach dem Anruf meines Mandanten am Tatort eingetroffen waren. »Jetzt hob i sie endlich daschlogn. I kann nimmer!«, soll mein Mandant damals wörtlich erklärt haben. Die ehrgeizige Staatsanwältin will das Wort »endlich« als Hinweis für eine von langer Hand geplante Tat auslegen, zumindest als Beweis für lange aufgestaute Gefühle von Hass und Wut. Dass Erich G. unter extremem Schock gestanden hat, kann sie offenbar nicht nachvollziehen.

Auch der Gerichtsmediziner ist an diesem Tag am Wort. Als er penibel über die unzähligen tödlichen Verletzungen der

Opfer referiert, kauert der Erich G. in Embryostellung und leise schluchzend auf der Anklagebank. Währenddessen blättern die Geschworenen in der Tatortmappe mit den Farbfotos der entstellten Leichen. Ich habe mir die Mappe nur einmal angeschaut. Ein Bild ist hängen geblieben, es hat mich eigenartig berührt: Es zeigte den nach dem Sturz verbundenen Kopf der Mutter. Der feine Verbandsstoff war blutdurchtränkt und fast durchsichtig, sodass man direkt in ihre Schädelhöhle sehen konnte.

Den Worten des Gerichtspsychiaters kommt in diesem Verfahren eine Schlüsselrolle zu. Und er sieht den Schlüssel zu dieser Tat in der Lebensgeschichte des Angeklagten: Als einziger Hörender der Familie habe er eigene Bedürfnisse stets hintangestellt. Habe weitgehend auf ein eigenes Leben verzichtet – auch wenn er es selbst gar nicht so empfunden habe. Es stimmt: Erich G. hat sich nie beklagt. Er war zufrieden. Er hat sich wohl gefühlt in seinem trauten Heim. Es war eine eigenartige, für Außenstehende schwer nachvollziehbare Symbiose, in der er und seine Eltern jahrzehntelang gelebt haben. Doch dann, als es nach dem Sturz der Mutter zu einem akuten, unerwarteten Pflegenotstand gekommen war, sei dieses System zusammengebrochen, erläutert der Seelenexperte. Er spricht von »Einengung«, »Tunnelblick«, »Impulshandlung« und zieht die Schlussfolgerung: »Es war grenzwertig, aber Herr G. hätte sich mit erheblichem innerpsychischem Aufwand zurückhalten können. Er war zurechnungsfähig!«

* * *

In meinem Beruf ist es unerlässlich, sich in seinen Mandanten hineinzudenken. Man muss eine Beziehung zu ihm aufbauen, lernen, ihn zu verstehen, denn nur so kann man in ihn hineinfühlen. »Dieser Mensch hier hat in seinem übersteigerten Pflichtbewusstsein jahrzehntelang tadellos funktioniert. In seiner Aufopferung für seine Familie hat er aber auf eines vergessen: auf sich selbst. Er hat verlernt, auf seine eigenen Gefühle zu achten. Er hat verlernt, sie überhaupt zu erspüren. Seine Sehnsüchte. Seine Träume, nach einem eigenen Leben, nach Selbstverwirklichung. Nach Freiheit. Nach einer Partnerin, gar einer eigenen Familie ...«, versuche ich den Geschworenen in meinem Schlussplädoyer nahezubringen. Kommen meine Worte bei ihnen an?

* * *

Mehr als drei Stunden und damit ungewöhnlich lange haben die Geschworenen in diesem Fall beraten. Endlich werde ich mit der Staatsanwältin in das Beratungszimmer gerufen, um ihren Wahrspruch zu hören: Es war Totschlag, das haben sie im Stimmenverhältnis sieben zu eins entschieden! Als mein Blick erleichtert über eine Ablage neben dem großen Konferenztisch schweift, erblicke ich den Baseballschläger, mit dem Erich G. seine schlafenden Eltern erschlagen hat. Die bräunlichen Blutanhaftungen schimmern durch das durchsichtige Plastik, in das er verpackt ist.

Erich G. wird zu einer Haftstrafe von sieben Jahren verurteilt. In Anbetracht seiner Unbescholtenheit ist davon auszugehen, dass er nach Verbüßung der Hälfte freigeht.

Overkill

Heute ist für sie ein ganz besonderer Tag. Sie hat sich toll zurechtgemacht: Das mit schwarzen Spitzen versehene Kleid aus weißem Tüll steht ihr hervorragend. Es ist knapp knielang und oben weit ausgeschnitten, was ihr üppiges Dekolleté gut zur Geltung bringt. In ihrem fuchsiarot gefärbten Haar schimmern kleine, mit einem feinen Band eingeflochtene weiße Perlen. Nervös lächelt sie den wenigen Gästen zu, dann wandert ihr Blick wieder zu der kleinen grauen Tür hinter der Glasfront. Endlich geht sie auf: Herein kommt ein stattlicher junger Mann mit Vollglatze im perfekt sitzenden schwarzen Anzug. Die Krawatte ist, dem Anlass entsprechend, schneeweiß. Die beiden fallen sich in die Arme, küssen sich, schmiegen sich aneinander, scheinen alles um sich herum zu vergessen: die uniformierten Beamten, die grauen Mauern, die vergitterten Fenster ...

Eine Trauung im Gefängnis, das ist auch für mich eine Premiere. Obendrein bin ich Trauzeugin. Es ist ein schöner Spätsommertag, den man lieber in einem sonnigen Garten als in diesem nüchternen Besucherraum verbringen würde. Doch die Gefängnisleitung hat sich bemüht: Ein Tisch wurde zu einem Traualtar mit zwei Kerzen umfunktioniert, gegenüber wurden ein paar Tische zu einer weiß gedeckten Hochzeitstafel zusammengeschoben. Das Kaffeeservice ist aus billigem weißem Porzellan, in der Mitte steht die weiße Hochzeitstorte mit roten Marzipanrosen. Ein freundlicher Justizwachebeamter schießt Fotos mit einer altmodischen Kleinbildkamera. Nur eine Handvoll Hochzeitsgäste wohnt der Feier bei. Ein Bruder des Bräutigams, Freundinnen der

Braut. Eine hat ihre kleine Tochter mitgebracht, ein reizendes Mädchen mit lockigen blonden Haaren. Die Kleine fängt den Brautstrauß auf und lächelt selig, während alle applaudieren.

Nach dem Ende der offiziellen Trauung dürfen wir noch zwei Stunden zusammensitzen. Der Bräutigam bemüht sich, ein guter Gastgeber zu sein, schenkt allen Kaffee ein, serviert artig Tortenstücke. Der freundliche Justizwachebeamte erweist sich als interessanter Gesprächspartner. Während er seine Erfahrungen mit berüchtigten Gefängnisinsassen zum Besten gibt, fällt mein Blick immer wieder auf das Brautpaar. Der Bräutigam hat inzwischen sein Sakko abgelegt, und sein kräftiger, voll tätowierter Arm ruht auf der Schulter seiner Angebeteten. Diese schmiegt sich eng an ihn, während er ihr Gesicht zärtlich streichelt … Die Sehnsucht dieses Paares, ihre Liebe leben zu dürfen, ist beinah schon schmerzlich spürbar. Doch sie werden warten müssen. Bis morgen: Denn da ist sie frei, die sogenannte »Kuschelzelle«. Eine möblierte Kleinwohnung innerhalb der Gefängnismauern, in der Strafgefangene und ihre Angehörigen ein Stück Privatleben pflegen dürfen. Sechs Stunden pro Besuch, der je nach Verfügbarkeit alle sechs Wochen möglich ist.

* * *

Wenige Monate zuvor, in meiner Kanzlei im ersten Wiener Bezirk.

»Tom ist der beste Mann, der mir in meinem Leben passiert ist. Er ist ein herzensguter Mensch!« Ihre lebendigen, haselnussbraunen Augen haben bei diesen Worten einen verklärten Glanz bekommen. Ihr Lächeln hat etwas Gewinnendes, ja Unwiderstehliches. Marion G. ist Mitte dreißig. Eine fesche Person, deren fuchsiarot gefärbter Haarschopf eine gute Portion Selbstbewusstsein verrät. Sie steht mit beiden Beinen fest im Leben, ist Mutter eines kleinen Sohnes und arbeitet als Kellnerin. Einer wie ihr fällt es gewiss nicht schwer, einen Mann kennenzulernen. Doch Marion G. hat es offenbar darauf angelegt, es sich schwer zu machen: Sie liebt einen Strafgefangenen. Damit nicht genug, hat sie es sich sogar besonders schwergemacht: Es ist ein Lebenslänglicher in Sicherheitsverwahrung.

Die junge Frau hat eine braune Reisetasche dabei, aus der sie drei dicke Ordner hervorholt und auf meinen Schreibtisch stapelt: »Hier sind die Akten. Bitte schauen Sie sich alle durch. Ich hoffe, dass Sie etwas herausfinden, damit der Prozess neu aufgerollt werden kann. Ich glaube, dass hier viele Verfahrensfehler passiert sind!«

* * *

Schon am darauffolgenden Wochenende stürze ich mich in das Studium der Akten. Der Fall interessiert mich: Es geht um einen Mord, der ob seiner unfassbaren Brutalität vor wenigen Jahren großes Entsetzen in ganz Österreich hervorgerufen hatte. Beim Lesen der Protokolle, Zeugenaussagen und Gutachten wird mir langsam klar, dass der Fall des Tom K. schon viel, viel früher seinen Anfang genommen hat ...

* * *

Vierundzwanzig Jahre zuvor, am Vorplatz einer Volksschule in einer Gemeindebauanlage in Wien-Leopoldstadt.

Mindestens sechs schwerbewaffnete Beamte der polizeilichen Sondereinheit sind vor Ort. Ein Mann liegt auf dem Bauch, Hände am Rücken. Zwei Polizisten knien über ihm, einer davon legt ihm die Handschellen an. Der Mann wird hochgehievt und zu einem der bereitstehenden Polizeiwägen gezerrt, wo ihn ein Polizist auf den Rücksitz drückt. Dann rasen die Wägen mit Blaulicht davon.

Unter den herumstehenden Schaulustigen befinden sich

viele Kinder, unter ihnen auch der sechsjährige Tommy: Er ist der Sohn des Verhafteten. Seine Lehrerin schickt ihn nach Hause. Am nächsten Tag springen die anderen Kinder um ihn herum und rufen: »Häf'nbruder! Häf'nbruder!« Zum ersten Mal in seinem Leben wird Tommy bewusst: Er ist ein Außenseiter.

* * *

Tommy hat immer zu seinem Vater aufgeblickt.

Der Vater ist einer, der von »ganz unten« kommt: mitten im Krieg geboren, aufgewachsen auf der Straße, in der damals noch berüchtigten Umgebung des Wiener Praters. Niemanden kümmert es, dass der Kleine kaum zur Schule geht. Der Vater ist an der Front, nach der Rückkehr kann er nicht mehr Fuß fassen und wird zum Alkoholiker. Die Mutter muss hart arbeiten, um die Kinder durchzubringen. Man nennt es die »Schule der Straße«, und sie macht hart: Tommys Vater rappelt sich aus dem Elend hoch, nimmt jeden Job an, schleppt Kohlen, wird Fernfahrer und Matrose, lernt die große weite Welt kennen. Um dann, nach einigen Jahren, zu seinen Wurzeln zurückzukehren, in die Halb- und Unterwelt des Wiener Praters. Er eröffnet einen Nachtclub, dann einen weiteren, verdient richtig gutes Geld, es sind die goldenen Jahre dieser Branche. Als er sich in die auffallend hübsche neunzehnjährige Kellnerin mit der blonden Hochsteckfrisur verliebt, ist er schon über fünfzig.

Ein Jahr nach der Hochzeit wird Sohn Thomas geboren. Alle nennen den Kleinen Tommy, und in der Ehe beginnt es zu kriseln. Das Nachtgeschäft zermürbt die junge Mutter, sie hat viel zu wenig Zeit für ihren Buben. Der Vater ist immer wieder mal »weg«: im Gefängnis, wegen Schlägereien, Schießereien und ähnlicher »milieubedingter Vorkommnisse«. Die Konkurrenz in der Branche ist hart, und als es mit den Geschäften bergab geht, hat er keine Ersparnisse, auf die er zurückgreifen kann. Das einstige Leben auf großem Fuß hat seinen Tribut gefordert: »Wie gewonnen, so zerronnen!«, wird er später resümieren.

* * *

Tommy ist vier, als die Eltern sich scheiden lassen. Die Mutter zieht aus und überlässt den Buben dem Vater. Doch der kommt nicht mit ihm zurecht: Im Kindergarten gilt der hyperaktive kleine Kerl bald als »verhaltensauffällig«. Später schwänzt er die Schule, treibt sich lieber im Wiener Prater herum, wo er sich mit anderen Kindern und Jugendlichen aus problematischen Verhältnissen anfreundet. Tommy ist immer öfter in Prügeleien verwickelt, und eines Tages ist es so weit: Im Zuge eines Streits greift der inzwischen Zwölfjährige seinen eigenen Vater körperlich an – und wird daraufhin von diesem »ordentlich in die Schranken« gewiesen. Es sei »das erste und einzige Mal« gewesen, dass er seinen Sohn gezüchtigt habe, beteuert der Vater später.

In der Hauptschule gilt Tommy längst als notorischer Raufbold, der sich im Unterricht nicht konzentrieren kann. Ein Lehrer schaltet eine Streetworkerin ein, die sich um den Buben kümmern soll: Die junge Frau bemüht sich, organisiert für die Kinder und Jugendlichen, die allesamt aus Problemfamilien stammen, Ausflüge ins Grüne, Spielabende in Begegnungszentren und Partyräumen. Doch das Resultat ist das Gegenteil des Beabsichtigten: Tommy kommt mit älteren Burschen in Kontakt, mit »härteren Kalibern«, macht Erfahrungen mit Alkohol und Drogen. Mit dreizehn kommt er in ein Sondererziehungsheim, mit vierzehn ist er immer wieder in ernsthafte Schlägereien verwickelt. Mit fünfzehn demoliert er im Prater Dutzende Autos und kommt zum ersten Mal hinter Gittern, als Wiederholungstäter fasst er gleich drei Monate aus. Während der Haftzeit beginnt er eine Schlosserlehre. Wieder in Freiheit, wird er alsbald rückfällig: Gemeinsam mit anderen Jugendlichen verdrischt er eine Gruppe ausländischer Jugendlicher. Den »Kanaken« gilt inzwischen sein ganzer Hass: Die Neo-Österreicher aus dem ehemaligen Jugoslawien, der Türkei oder aus Pakistan sind durchwegs fleißig, sie nehmen Staatsbürgerschaft und Gemeindewohnung dankbar an – und verdrängen zusehends die einheimischen Problemfamilien, die diese Bauten früher bevölkert hatten.

* * *

Mit zwanzig ist Tom, wie er sich jetzt nennt, zu einem ein Meter neunzig großen Hünen herangewachsen und hat sich den Schädel kahlgeschoren. Er ist jetzt ein Skinhead, läuft mit Bomberjacke, Military-Hosen und Springerstiefeln herum. Auf Brust und Oberarmen hat er sich Nazi-Embleme tätowieren lassen, über seinem Bett hängt eine Fahne mit dem österreichischen Wappen – und ein überdimensionales Hakenkreuz. Immer wieder landet er im Gefängnis, es sind ausschließlich Aggressionsdelikte, und fast immer sind Alkohol und Drogen die Auslöser.

Es war ein gut gemeinter Rat des Vaters gewesen: Der Bub soll seine aggressiven Gefühle im Sport ausleben. Tom schreibt sich in einen Kickbox-Trainingskurs ein. Und wirklich, der Sport tut ihm gut. Er trinkt kaum mehr Alkohol, trainiert nahezu täglich, fast schon manisch. Nach neun Monaten hat er seinen Körper zu einer richtigen Kampfmaschine gestählt. Doch dann der Absturz: Wieder einmal hatte er über den Durst getrunken, in einem Lokal herumgestänkert, es artete in eine wilde Prügelei aus. Die Geschichte endet wie gehabt: Verhaftung, eine neue Verurteilung wegen schwerer Körperverletzung, wieder ein paar Monate Knast.

* * *

Es ist ein Samstagabend. Sandra, 20, hat sich mit ihrer Freundin in einem Lokal im zweiten Bezirk, unweit ihrer Wohnung, verabredet. Es ist schon spät, eigentlich wollten die beiden jungen Frauen gerade nach Hause aufbrechen. Da setzt sich ein Typ zu ihnen an die Bar und beginnt, die beiden anzubaggern. Sandra ist genervt, ihre Freundin drängt zum Aufbruch, der Typ wird immer unangenehmer. Da tritt er dazwischen: stattlich, durchtrainiert, Skinhead und »irrsinnig fesch«, wie Sandra findet. Mit einer einzigen Handbewegung wischt er das Trinkglas des ungebetenen Bargastes vom Tisch. Es zerbricht mit einem lauten Knall auf dem harten Steinboden. Sandra ist begeistert: Der unangenehme Typ zieht sofort Leine! Der edle Retter stellt sich als Tom vor. Die Freundin verabschiedet sich, sie muss die Babysitterin ablösen. Sandra und Tom verbringen den ganzen Abend im Lokal. Nach der Sperrstunde nimmt sie ihn mit zu sich nach Hause. Sie werden ein Paar.

* * *

Diese Sandra, ist sie seine Rettung? Das Mädchen ist zart, blond und hübsch anzusehen. Freilich stammt auch sie aus problematischen Verhältnissen. Mit fünfzehn von zu Hause durchgebrannt, mit sechzehn schwanger. Sie ist ohne Job, lebt mit ihrer vierjährigen Tochter von Sozialhilfe und Kindergeld. Immerhin hat sie eine Wohnung der Gemeinde Wien ergattern können, gar nicht so weit von Tom entfernt.

* * *

Tom und Sandra verbringen viel Zeit miteinander, er liebt sie über alles, sieht in ihr die Frau seines Lebens. Doch die anfangs so harmonische Beziehung bekommt bald erste Risse: Sie haben mit Toms Alkoholproblem zu tun – und den dadurch ausgelösten Gewaltexzessen. Wenn er wieder einmal zu weit gegangen ist, wirft sie ihn aus ihrer Wohnung, um sich wenig später wieder mit ihm zu versöhnen. Die beiden kommen nicht voneinander los. Dann wird Sandra schwanger. Tom sieht erstmals einen Sinn in seinem Leben: Er wird Vater, er wird Verantwortung übernehmen! Er hat das Gefühl, das gefunden zu haben, wonach er sich schon immer gesehnt hat: eine Familie, eine heile Welt. Er wird dem Kind die Liebe und Fürsorge geben, die er in seiner eigenen Kindheit so schmerzlich vermisst hat.

* * *

Dann der große Krach. Ausgelöst durch einen nichtigen Anlass, an den sich Tom später gar nicht mehr erinnern wird können. Sandra macht Schluss: »Es ist endgültig!«, erklärt sie ihm. Und macht sich kurzerhand einen Termin in der Klinik aus – um das Kind abzutreiben.

Als Tom von der Abtreibung erfährt, ist er einfach nur »fertig«. Er will sich mit seiner Freundin »aussprechen«. Er läutet Sturm an ihrer Wohnungstüre, doch die bleibt geschlossen. Sandra kennt ihren Freund, sie spürt, dass er wieder einmal angesoffen ist, will keine Auseinandersetzung, schon gar nicht wegen der Abtreibung. Tom hat zu diesem Zeitpunkt nicht nur einige Bierdosen geleert. In letzter Zeit zieht er sich immer öfter ein weißes Pulver rein, um dieses »Scheiß-Leben« auszuhalten und sich ein wenig »anzuturnen«: Amphetamine in Pulverform, gemeinhin als »Speed« bezeichnet.

Nachdem ihm nicht geöffnet wurde, knallt er wutentbrannt ein letztes Mal die Faust gegen die Wohnungstüre. Dann gibt er auf, schleicht sich gesenkten Hauptes aus dem Wohnhaus und schlendert zur U-Bahnstation am Praterstern. Die geballten Fäuste stecken in den Taschen seiner schwarzen Bomberjacke. Er hat eine solche Mordswut, dass er nicht anders kann: Er muss sich besaufen an diesem Abend, bis zur

Besinnungslosigkeit. Bis er nichts mehr spürt von seiner Wut, seiner Enttäuschung und seiner Verzweiflung. Von seinem Hass, auf das Leben, und auf sich selbst ...

An der Station Schwedenplatz steigt er aus. Von dort sind es nur wenige Meter bis zum Bermuda-Dreieck mit seinen zahlreichen Lokalen und Bars. Es ist ein belebter Samstagabend, er trifft auf ein paar Kumpels, auch eine junge Frau ist darunter, man sucht einen angesagten Nachtclub auf. Wie sich später rekonstruieren lässt, leeren sie in dieser Nacht zu viert sechs Flaschen Wodka. Irgendwann fällt Tom vom Barhocker, seine Freunde hieven ihn wieder hoch.

Gegen vier Uhr früh beginnen die Kellner, die Tische abzuräumen. Tom und seine Kumpels mit dem Mädchen sind die letzten Gäste. Schließlich verlassen sie protestierend den Club und schleppen sich grölend in Richtung des nahegelegenen Taxistandplatzes.

* * *

Aus der polizeilichen Aussage des Taxifahrers Nasuh K.: *»Heute gegen vier Uhr zehn hielt ich mein Taxi Madza 5, silberfarben, mit dem behördlichen Kennzeichen W-(...) auf der linken Seite der Fahrbahn in Wien 1, Rotenturmstraße 25 bei dem dortig gekennzeichneten Taxistandplatz. (...) Nach ca. drei Minuten hörte ich einen lauten männlichen Schrei. Den genauen Wortlaut habe ich nicht gehört. Ich schaute in den linken Außenspiegel meines Fahrzeuges und sah wie diese Person, welche lautstark schrie, auf dem Kopf einer am Boden liegenden Person wie verrückt herumgesprungen ist. Zwischenzeitlich kurbelte ich mein Seitenfenster gänzlich herunter und blickte schräg zurück zu diesem Vorfall. Ich sah, dass dieser Täter oftmals auf dem Kopf mit beiden Füßen schwungvoll auf und abgesprungen ist. Zwischendurch holte er mit seinem rechten Fuß kräftig aus und trat mit voller Wucht gegen den Kopf dieser Person, welche bereits regungs-*

los gelegen ist.«

Aus der Aussage der Anrainerin Elvira F.: »*Es war ganz früh, zirka vier oder fünf Uhr. Ich male ab und zu in der Nacht. Das Fenster ist offen gewesen. Ich habe mehrere Schreie gehört. Ich habe dem zunächst nicht viel Bedeutung beigemessen, dort ist das Bermuda-Dreieck, es gibt öfters Betrunkene oder Schlägereien dort. Ich habe vom Fenster rausgeschrien: ›Hören Sie auf, ich rufe die Polizei!‹ Ich habe nicht genau gesehen ist, was passiert ist. Ich habe nur die Schreie gehört. Und ein Geräusch, als ob jemand wiederholt auf einen harten Gegenstand tritt, immer wieder ... «*

»*Dann tauchte ein anderer Mann auf, er kam von einer Seitengasse*«, berichtet der Zeuge Nasuh K. weiter. Dieser Mann habe dem Täter zugewunken, woraufhin der vom Opfer abgelassen habe. Der Täter sei zu dem Mann hingegangen, offenbar hätten die beiden sich gekannt. Dabei habe er den regungslos am Boden liegenden Mann weiterhin mit ordinären Worten beschimpft. Der andere Mann – wie sich später herausstellt, war es einer der Kumpel von der Zechtour – habe dann offenbar versucht, den Täter zurückzuhalten. Vergeblich: Plötzlich sei der Täter wiederum schreiend auf den am Boden Liegenden zugestürmt, um neuerlich auf ihn einzudreschen. Die Worte, die der Täter gebrüllt hat, bevor er wieder zuschlug, haben sich im Gedächtnis der Anrainerin Elvira F. für immer eingebrannt: »Hast du noch nicht genug? Willst du noch mehr?«

Der Taxifahrer Nabil G. gibt vor der Polizei zu Protokoll: »*Ich stand mit meinem Taxi Madza 5, amtliches Kennzeichen W-(...), grau lackiert, im ersten Bezirk Rotenturmstraße (Taxistandplatz linksseitig Höhe McDonald's) als erstes Auto. Ich glaube gegen vier Uhr dreißig stiegen eine Dame und drei Männer in mein Fahrzeug. Die Dame setzte sich an den Beifahrersitz neben mir. Sie war offensichtlich betrunken und hat mich ordinär beschimpft. Als ich gerade wegfahren wollte, kam mein Kollege Nasuh K. und klopfte an meine Seiten-*

scheibe. Gleichzeitig sagte er zu mir: ›Fahren Sie nicht weg, wir haben die Polizei gerufen.‹« Nabil G. befolgt die Anordnung seines Kollegen, woraufhin die vier Fahrgäste schimpfend sein Taxi verlassen.

Nachdem das Taxi sie nicht mitgenommen hat, verbleiben zwei Männer und die Frau im Bereich der Rotenturmstraße. Der vierte Mann torkelt laut Zeugenberichten alleine davon. Er ist glatzköpfig, zirka 1,90 groß und trägt eine schwarze Bomberjacke. Einige Zeugen erinnern sich, dass er dabei gestikuliert habe, »erkennbar selbstzufrieden, wie ein Sportler nach einem Sieg«.

* * *

Aus der gerichtlichen Aussage des Zeugen Inspektor Manfred M.: *»Wir sind Streife gefahren. Zwischen fünf und zehn Minuten nach vier Uhr kam der Einsatz ›Raufhandel beim McDonald's in der Rotenturmstraße‹. (...) Da waren 10 bis 12 aufgebrachte Menschen, untereinander streitend, in einer Rangelei. Wir fragten zirka dreimal, der Kollege und ich, was vorliegt. Die Masse reagierte nicht auf uns. (...) Eine Dame hat gesagt: ›Da drüben liegt einer.‹ Wir rannten dann zum Opfer hinüber. (...) Das Opfer war blutüberströmt. (...) Ich habe die Rettung gerufen und die Dienststelle. Der Kollege hat den Puls gefühlt, er war aber nicht mehr zu spüren. Ich bin mir ziemlich sicher, dass die Person schon tot war, bei oder kurz vor unserem Eintreffen muss sie verstorben sein. (...) Der Kollege hat Herzmassage gemacht, eine Mund zu Mund Beatmung unterblieb, da das Gesicht des Opfers komplett entstellt war. Man hat teilweise das Fleisch gesehen. Es war unmöglich, den Mund zu erkennen oder zu beatmen.«*

Die Befragung der im Bereich des Tatorts verbliebenen Zeugen gestaltet sich für die Polizeibeamten schwierig: Es sind durchwegs betrunkene Nachtschwärmer und Menschen, die der Polizei tunlichst aus dem Weg gehen. Erst nach stundenlangen Verhören steht die Identität des Mannes mit der schwarzen Bomberjacke fest: Es ist Tom K.

* * *

Aus dem polizeilichen Einsatzbericht: »*Aufgrund der Ermittlungsergebnisse wurden von Seiten der Staatsanwaltschaft um 9.40 Uhr vorerst mündlich folgende Anordnungen verfügt:*
Anordnung der Festnahme des Tom K.
Anordnung der Durchsuchung der Wohnung des Tom K.
Anordnung zur Rufdatenrückerfassung des Anschlusses 0681/(...) inkl. Standorte im tatkritischen Zeitraum (zur Tatzeit im Bereich des Tatorts eingeloggt?)
Anordnung zur Handypeilung betreffend des Anschlusses 0681/(...), verwendet von Tom K.
Zur Unterstützung der Festnahme wurde das Einsatzkommando COBRA angefordert. Gleichzeitig wurde mit dem Telefonbetreiber ORANGE Kontakt aufgenommen und um 10 Uhr mitgeteilt, dass das Handy im Sendebereich der Wohnadresse des Gesuchten eingeloggt ist. Die Tür der Zielwohnung (...) in 1020 Wien wurde mittels Ramme um 11.20 gewaltsam durch das EKO COBRA geöffnet und auch ein Doppelknallwurf eingebracht, um die Handlungsbereitschaft des Täters einzudämmen. In der Wohnung befanden sich zu diesem Zeitpunkt aber keine Personen. Dazu wird ausgeführt, dass kurz vor dem Einsatz noch mit dem Telefonbetreiber ORANGE Rücksprache gehalten und von dort mitgeteilt wurde, dass das Handy noch immer im do Bereich eingeloggt ist. In der Wohnung konnte kein Mobiltelefon vorgefunden werden, weshalb nochmals mit dem Staatsanwalt Dr. H. Kontakt aufgenommen und um Anordnung des Einsatzes eines IMSI-Catchers angesucht und in weiterer Folge genehmigt wurde. Die angeordnete Hausdurchsuchung für die Anschrift 1020 Wien (...) wurde vollzogen. Gegenstände wie Totschläger, Gas/Schreckschusspistole udgl. wurden sicher-

gestellt. Es konnten jedoch keine Gegenstände wie blutbehaftete Kleidung/Schuhe odgl. vorgefunden werden, welche für die ggst. Ermittlungen zur Beweisführung geeignet wären. Die Wohnungstüre wurde mit einem Ersatzschloss wieder versperrt. (...) Bemerkt wird, dass bei dieser Durchsuchung ein Brief mit dem Absender ›Sandra H., 1020 Wien, (...)-Straße Nr. (...)‹ gefunden wurde. Dazu wird ausgeführt, dass im Zuge der Einvernahmen am Tatort die Zeugen angegeben hatten, dass Tom K. eine Freundin namens ›Sandy‹ habe. Auf Grund des Briefabsenders wurden Erhebungen durchgeführt und konnte in Erfahrung gebracht werden, dass es sich bei der sogenannten Sandy offensichtlich um Sandra H., Hausfrau, geb. (...), 1020 Wien, (...)-Straße Nr. (...) handelt. Ebenso konnte festgestellt werden, dass an dieser Anschrift noch ihr vierjähriges Kind gemeldet ist. In Kenntnis dieser neuen Informationen wurde der bereits aktivierte IMSI-Catcher zum Bereich der Wohnung der Sandra H. dirigiert und konnte festgestellt werden, dass das gesuchte Endgerät sich in dieser Wohnung befindet. Dieser Erkenntnis zur Folge wurde mit Staatsanwalt Dr. H. fernmündlich vor Ort Kontakt aufgenommen und eine Anordnung zur Durchsuchung der Wohnung Wien 2., (...)-Straße Nr. (...) eingeholt. Mit der Einsatzleitung der COBRA wurde eine Vorbesprechung durchgeführt und dabei mitgeteilt, dass auch ein kleines Kind an der Anschrift gemeldet ist und mit nötiger Schonung vorzugehen sei. Die Wohnung wurde von der EKO COBRA mittels Öffnungsgerät gewaltsam geöffnet. Der Verdächtige konnte unmittelbar nach der Wohnungsöffnung auf dem Rücken liegend im Wohnzimmer auf einem Bett lokalisiert und um 13.15 Uhr festgenommen werden. (...) Nach der Festnahme des Tom K. und nach Überstellung in das PAZ[8] wurde die angeordnete Hausdurchsuchung vollzogen. Gleich beim Betreten der Wohnung konnte festgestellt werden, dass Tom K. offenbar bereits

---

[8] Polizeianhaltezentrum

versucht hatte, Spuren zu beseitigen. So war im Badezimmer, im Handwaschbecken, eine Jeanshose eingeweicht. Weiters war die Waschmaschine in Betrieb und konnte bei einer Nachschau festgestellt werden, dass sich neben diversen Kleidungsstücken ein paar helle Sportschuhe in der Trommel befanden. Die Maschine wurde sofort abgeschaltet und die Hose aus dem Waschbecken entnommen. Weiters konnte festgestellt werden: Im Vorzimmer befanden sich eine größere Menge Blutanhaftungen (verwischter Schuhabdruck) auf dem Fliesenboden; weitere offensichtliche Blutanhaftungen (Spritzer) konnten im Vorzimmer auf den Fugen der Bodenfliesen im Bereich der Schuhkommode wahrgenommen werden. Im Wohnzimmer konnte eine schwarze Bomberjacke und ein dunkler Pullover (Täterbekleidung laut Zeugen) vorgefunden und sichergestellt werden.«

Die DNA-Auswertung der Spuren wird später zutage bringen, dass »sich an einer Jeans und an einem Sportschuh aus dem Lebensbereich des Tom K. biologische Spuren des Albrecht M. gefunden« haben. Jenes Mannes, der unter den Fußtritten eines mit schwarzer Bomberjacke bekleideten Mannes gewaltsam zu Tode gekommen ist.

* * *

Ein paar Tage später meldet sich ein weiterer Zeuge bei der Polizei: Als er aus den Medien von dem brutalen Mord erfahren hatte, sei er ihm wieder eingefallen: Der »lange Typ mit Bomberjacke«, der ihn gegen fünf Uhr morgens am Schwedenplatz nach dem Weg zum Praterstern gefragt hatte. Der Typ habe sich damit gebrüstet, soeben jemanden »niederg'haut« zu haben. Zuerst habe er den sichtlich Betrunkenen nicht ernst genommen, dann seien ihm aber die blutbesudelten Sportschuhe aufgefallen …

* * *

Indes wird von der Staatsanwaltschaft die Obduktion des Opfers angeordnet. Der Obduktionsbericht lässt auf einen Gewaltexzess ungeheuerlichen Ausmaßes schließen: *»Bei einem Lokalaugenschein in den frühen Morgenstunden (...) zeigte sich auf einem Gehsteig des ersten Wiener Gemeindebezirks unter einem Baugerüst eine bekleidete, männliche Leiche am Boden am Rücken liegend. Neben der Leiche fanden sich ausgeschlagene Zähne (Siehe Tatortmappe der BPD Wien). Das gesamte Gesicht war großflächig düsterblauviolett blutunterlaufen, geschwollen und der knöcherne Gesichtsschädel war abnorm beweglich, wobei deutliches Knochenreiben wahrnehmbar war. (...) Bei der Leichenöffnung zeigte sich eine ausgedehnte Zertrümmerung des Gesichtsschädels mit offenem Bruch des Nasenbeines, Mehrfachbruch des Ober- und Unterkiefers und zahlreiche, aus ihren knöchernen Fächern gebrochene Zähne (...)«* Der dreiundfünfzigjährige Albrecht M. ist an seinem eigenen Blut erstickt.

»Overkill« nennt man es in der Kriminalpsychologie, wenn ein Täter deutlich mehr Gewalt anwendet, als zur Tötung des Opfers nötig gewesen wäre.

* * *

Ein halbes Jahr später, im Schwurgerichtssaal des Landesgerichts für Strafsachen Wien. Der Mann, dem heute hier der Prozess wegen des Mordes an Albrecht M. gemacht wird, hat ob der Grausamkeit der Tat inzwischen mediale Berühmtheit erlangt. Der glatzköpfige Hüne scheint bemüht, seinem Ruf gerecht zu werden. Er gibt sich nicht etwa reuig, sondern bockig und großmäulig. Was jedoch die Tatnacht betrifft, so kann er nur mit bruchstückhaften Erinnerungen aufwarten: Alles habe mit einer Damenhandtasche begonnen. Einer habe ihm zugerufen, dass dieser »Typ«, nämlich das spätere Opfer, die Tasche gestohlen habe. Woraufhin er diesem »Typen«, den er nie zuvor gesehen hatte, mit der Faust »ein paar in die

Gosch'n gehaut« habe. Der »Typ« habe aber »weiter g'schimpft«, und da habe er »noch amol hin'treten«, räumt er ein. Das war's dann aber schon: »Auf den Kopf des Mannes bin i sicher net gesprungen, weil erstens hab' i 46-er Schuh, zweitens Hühneraugen und drittens a hiniges Knie, vom Trainieren. I hab' net im Entferntesten daran gedacht, dass er stirbt. Das wollt i net. Das hab' i net vorg'habt. Das is' einfach arg für mich ...«

Wie Zeugenaussagen bestätigen, war Albrecht M. von einem der Kumpels des Täters tatsächlich verdächtigt worden, eine Handtasche gestohlen zu haben – ein Irrtum, wie sich herausstellte, zumal die betrunkene Besitzerin der Tasche diese wenig später wieder auffand.

Indes unternimmt Tom K. offenbar alles, um sich vor Gericht als echter Widerling zu outen. Während der Gerichtsmediziner grausame Details aus dem Obduktionsbericht vorträgt, stochert er gelangweilt mit seinen Fingern zwischen seinen Zähnen. Die verärgerte Frage der vorsitzenden Richterin, ob er denn einen Zahnstocher brauche, kommentiert er frech: »Des warat leiwand, Oide!«[9]

* * *

Der Verteidiger wagt sich juristisch weit hinaus und plädiert auf Körperverletzung mit Todesfolge. Immerhin einer der Geschworenen folgt dieser Argumentation, die übrigen sieben sehen es jedoch wie der Staatsanwalt und stimmen für Mord. Tom K. wird zu einer Freiheitsstrafe von zwanzig Jahren verurteilt. Er quittiert das Urteil mit den Worten: »Mehr habt's net drauf?«

Ein zu mildes Urteil, befindet auch der Staatsanwalt und legt Berufung ein. In zweiter Instanz legt die Justiz eins drauf: Der Angeklagte erhält den »Frack« – wie die lebenslange

---

[9] Wienerisch für: »Das wäre aber sehr nett, Alte!«

Freiheitsstrafe im »Häfenjargon« bezeichnet wird. Außerdem wird für Tom K. wegen seiner »geistig-seelischen Abartigkeit höheren Grades«, wie es im Juristendeutsch heißt, der sogenannte Maßnahmenvollzug angeordnet: Eine vorzeitige Entlassung – die ohnedies frühestens nach fünfzehn Jahren möglich wäre – kann es in seinem Fall nur dann geben, wenn ein psychiatrisches Gutachten jedwede Gefährlichkeit ausschließt.

Zur Verbüßung seiner Strafe wird Tom K. nach Stein an der Donau in Österreichs größte Männerstrafanstalt überstellt.

* * *

Dort besuche ich ihn rund zwei Wochen, nachdem Marion G. mich eingeschaltet hat.

Tom K., inzwischen dreißig, ist immer noch kahlrasiert und durchtrainiert, trägt inzwischen aber eine Brille. Durch diese blickt er mich skeptisch an. Es wundert mich nicht, er hat schon mehrere Anwälte »verbraucht«. Er hat es schon ein paar Mal mit einer Wiederaufnahme des Verfahrens versucht und ist jedes Mal gescheitert. Inzwischen ist er überzeugt, dass er nicht als Einziger auf das Opfer hingetreten habe, und dass die tödlichen Tritte auf den Kopf von einem seiner Zechkumpane stammten. Jetzt setzt er seine ganze Hoffnung in mich: »Frau Doktor, wird es heuer noch was mit der Wiederaufnahme?« Ich sehe ihm ernst ins Gesicht und bringe ihn auf den Boden der Realität zurück: »Ich kann Ihnen nichts versprechen. Die Justiz kippt nur ungern ihre eigenen Urteile!«

* * *

Beim nächsten Termin in meiner Kanzlei erfahre ich von Marion G., dass man ihren Tom inzwischen in eine andere, weiter entfernte Justizanstalt verlegt hat. Reine Schikane, erklärt sie mir verärgert. Doch sie ist fest entschlossen, die lange Fahrt auf sich zu nehmen und ihren Freund weiterhin so oft wie möglich zu besuchen. Kein Opfer scheint ihr zu schwer für ihren Tom zu sein, sie will alles für ihn geben. Wirklich alles – auch sich selbst: Bevor sie sich verabschiedet, verkündet sie mir mit strahlendem Lächeln, dass sie ihn demnächst im Gefängnis heiraten wird.

* * *

Nach dem Studium der Akten ist mir klar: Ob neben Tom noch weitere Personen auf das Opfer eingetreten haben, ob gar ein anderer die tödlichen Tritte versetzt hat, wird sich ohne neue Zeugen nicht mehr rekonstruieren lassen. Doch die gibt es derzeit nicht. Fest steht aber eines: Tom K. hat sich zum Tatzeitpunkt unter dem massiven Einfluss psychotroper Substanzen befunden. Seine beträchtliche Alkoholisierung war schon den Gästen im Lokal aufgefallen, spätestens als er sturzbetrunken vom Barhocker fiel. Sein Gang wurde von Zeugen als »stark wankend« beschrieben, offenbar wusste er nicht einmal mehr den Heimweg Richtung Praterstern – obwohl er, als echtes »Praterkind«, in dieser Gegend aufgewachsen ist! Die Blutabnahme war kurz nach seiner Verhaftung erfolgt, somit rund zehn Stunden nach der Tat. Die Rückrechnung durch den chemischen Sachverständigen ergab »eine Maximal-Konzentration von zirka 2,4 Promille« zur Tatzeit. Allerdings: Die Blutuntersuchung hatte weiters bestätigt, dass Tom K. unter »Speed« gestanden war – immerhin 360 Nanogramm/ml. Der chemische Sachverständige gab in der Hauptverhandlung zu Protokoll: *»Es wurden hier zweifellos zwei Substanzen nachgewiesen, die sich in ihrer Wirkung wechselseitig verstärken, speziell in Form einer Enthemmung. Wie es im konkreten Fall ausschaut, übersteigt den Kompetenzbereich der chemischen Begutachtung.«* Wie es aussieht, war es dieser Cocktail aus Alkohol und antriebssteigernden Amphetaminen, der bei

Tom K. sämtliche Sicherungen durchbrennen hat lassen. Doch der psychiatrische Sachverständige ließ sich erst gar nicht auf Diskussionen ein: Für ihn war die Zurechnungsfähigkeit des Angeklagten zum Tatzeitpunkt »nicht notwendigerweise« aufgehoben. Tom K. sei in der Lage gewesen, das Unrecht seiner Tat zu erkennen, und, so der Psychiater wörtlich: »*Es hätte auch die allgemein handlungsgestaltende Kraft gesetzlicher Vorschriften bei ihm prinzipiell wirksam werden können.*«

»Im Zweifel für den Angeklagten«, heißt es im Gesetz. Eine »prinzipielle« und »theoretische« Zurechnungsfähigkeit zur Tatzeit hätte für eine Verurteilung niemals ausreichen dürfen. Die Geschworenen haben sich von der Abscheulichkeit der Tat beeindrucken lassen. Das ist menschlich verständlich – aber beileibe nicht juristisch korrekt. Und so lasse ich ein neues psychiatrisches Gutachten einholen, das zu einem anderen Ergebnis als das seinerzeitige Gerichtsgutachten kommt: Sollte Tom K. der Täter sein, so wäre seine Zurechnungsfähigkeit aufgrund der Substanzen zur Tatzeit erheblich herabgesetzt, wenn nicht ausgeschaltet gewesen.

Ich sollte mit meiner Befürchtung, dass die Justiz ihre eigenen Urteile nur ungern hinterfragt, Recht bekommen: Das Gericht weist meinen Antrag auf Wiederaufnahme des Verfahrens mit der Begründung ab, dass ein neues Gutachten nun mal kein neues Beweismittel sei …

* * *

Auch wenn sie selbst nicht im Gefängnis sitzt, Marion G. scheint dennoch gefangen: Ihr Lebensrhythmus wird von Besuchszeiten und Zugverbindungen diktiert. Sie hat es sich zur Lebensaufgabe gemacht, ihrem Tom die Freiheit zu verschaffen: »Unser beider Liebe ist stark. Wir werden niemals aufgeben!«

Vielleicht sind sie bald zu dritt: In der Kuschelzelle verzichten sie neuerdings auf Verhütung. Tom wünscht sich sehnlichst ein Kind.

Lebensbeichte

»Helmut P. ist ein Mörder. Und sowas sitzt im Gemeinderat! Was für eine Schande!!!« Dem anonymen Schreiben ist ein Zeitungsausschnitt aus dem Jahr 1978 beigeheftet. Darin wird über die Verhaftung des damals siebzehnjährigen Helmut P. berichtet, der verdächtigt wurde, ein gleichaltriges Mädchen ermordet zu haben.

»Was kann man unternehmen, damit das endlich aufhört?« Helmut P. ist inzwischen Anfang vierzig. Er ist nicht besonders groß, wirkt sportlich und keineswegs unattraktiv mit seinem kantigen, leicht gebräunten Gesicht, zu dem der schwarze, dichte Kurzhaarschnitt gut passt. Ich weiß nicht, woran es liegt, aber er hat eine besondere Ausstrahlung, fast ein bisschen unheimlich. Vielleicht sind es seine meergrünen, von einem dunklen Wimpernkranz umrandeten Augen.

Ich habe ihn wohl einen Deut zu lange angesehen, denn er fährt mich unvermutet an: »Na, glauben Sie es etwa auch? Dass ich ein Mörder bin?« Ich schüttle den Kopf, versuche die Situation mit einer ironischen Bemerkung aufzulockern: »Na ja, durch meinen Beruf ist mir klar, dass man es einem Mörder nicht ansieht, was er getan hat!« Helmut P. lächelt müde. Es ist gewiss nicht leicht für ihn: Seit Jahrzehnten damit leben zu müssen, der mutmaßliche Mörder einer jungen Frau zu sein. Noch schwerer wäre es nur noch, mit der Schuld leben zu müssen, es getan zu haben.

* * *

Eine steirische Kleinstadt im Sommer des Jahres 1978. Sonja ist gerade siebzehn geworden. Ein hübsches Mädchen. Hellbraune Locken, gertenschlanke Figur, fröhliches Wesen, nicht auf den Mund gefallen. Doch seit ein paar Wochen wirkt sie verändert auf ihre Familie. Manchmal ist da ein verklärtes Leuchten in ihren Augen, scheint sie ganz woanders mit ihren Gedanken zu sein. Ist sie verliebt? Als die Mutter sie darauf anspricht, winkt sie ab: »Mamsch, wo denkst du hin? Mir ist erst mal die Schule wichtig, ein Freund würde mich nur ablenken!« Obwohl sie ihrer Tochter nicht ganz glauben mag, gibt sich die Mutter mit dieser Antwort zufrieden. Sie ist froh, dass Sonja vernünftig genug ist, sich von Drogen fernzuhalten. Soll sie doch meinetwegen von einem Burschen schwärmen, so etwas ist in diesem Alter normal. Sonjas Eltern sind aufgeschlossene Menschen. Die Mutter Volksschullehrerin, der Vater Gymnasialprofessor, und sie wissen: Teenager haben ihre Träume. Und die muss man ihnen lassen, um nicht ihr Vertrauen zu verlieren.

»Black Box« heißt der Jugendclub, in dem sich die Jungen aus dem Umkreis damals treffen. Er liegt am Rand der Kleinstadt, dahinter befinden sich Maisäcker. An diesem lauen Samstagabend im August spielt dort eine steirische Discoband. Sonja hat sich mit zwei Freundinnen verabredet. Moni, die ältere, ist schon neunzehn und hat einen Führerschein. Es ist die Zeit von »Saturday Night Fever«, und die Mädels wollen in der »Box«, wie der Club salopp genannt wird, den Alltag vergessen und abtanzen. Doch spätestens um halb zwölf, so ist es abgemacht, trifft man sich beim Ausgang, um mit Moni's VW-Käfer nach Hause zu fahren.

Es wird Mitternacht. Moni steht mit ihrer Freundin beim Ausgang, sie rauchen und warten auf Sonja. Doch sie kommt nicht. Moni geht wieder in den Club, fragt herum, sucht überall, sogar auf der Toilette, doch Sonja ist nicht zu finden. Vielleicht hat sie sich längst zu Fuß nach Hause aufgemacht?

Ja, so wird es sein, beruhigen sich die beiden und fahren heim. Es ist zirka zwanzig Minuten nach Mitternacht.

* * *

Sonjas Eltern können nicht einschlafen. Wo bleibt sie? Das ist nicht ihre Art! Kurz vor ein Uhr morgens setzt sich Sonjas Vater Albrecht T. ins Auto und fährt zum Jugendclub. Es sind nur mehr wenige Leute dort, geschätzte zwanzig. Zwei Mädchen kennen Sonja, sie wollen sie vor ein paar Stunden in Begleitung eines jungen Burschen gesehen haben. Vielleicht hat der sie nach Hause gebracht? Der Vater ruft daheim an. Die Stimme seiner Frau klingt leise und verzweifelt: »Nein, sie ist noch nicht da ...« Er spürt, wie kalte Panik in seinem Körper hochkriecht. Doch er darf jetzt nicht die Nerven wegschmeißen. Er muss funktionieren, gerade jetzt. Er setzt sich wieder ins Auto und fährt zur örtlichen Polizeidienststelle. »Sie werden sehen, die ist spätestens morgen Vormittag wieder zu Hause, um ihren Brummschädel auszukurieren. So sind sie halt, die jungen Mädels von heute!«, versucht ihn der korpulente Herr Inspektor zu beruhigen. Doch Albrecht T. beharrt: »Sie müssen etwas unternehmen. Ich kenne meine Tochter, die ist nicht so!« Daraufhin verspricht der Beamte, einen Streifenwagen loszuschicken, der nach dem Mädchen Ausschau halten soll: »Aber jetzt fahren Sie heim. Vielleicht liegt sie ja schon in ihrem Bett und schläft ihren Rausch aus ...«

Albrecht T. würde diesen Beamten mit seiner süffisanten Art am liebsten sofort zur Rede stellen, doch er hat keine Wahl. Er muss froh sein, wenn wenigstens mittels Polizeistreife Nachschau gehalten wird.

Sonja liegt nicht im Bett, um ihren Rausch auszuschlafen. Sie kommt auch am nächsten Tag nicht nach Hause, und am Abend ist es traurige Gewissheit: Zu der Zeit, als ihr Vater bei der Polizei war, lag Sonja rund hundert Meter von der »Box«

entfernt in einem Maisacker. Tot, misshandelt, erwürgt. Eine Vergewaltigung sei auszuschließen, wie der Gerichtsmediziner feststellt.

* * *

Der Mord versetzt die Bewohner der beschaulichen Kleinstadt in Entsetzen: »So ein abscheuliches Verbrechen in unserer schönen Stadt, es ist nicht zu fassen!«, meint einer gegenüber einem Fernsehreporter. Die Ermittlungen der Grazer Kriminalpolizei konzentrieren sich auf die Wahrnehmungen der beiden Mädchen, die das Opfer wenige Stunden vor der Tat in der »Box« in Begleitung eines Burschen gesehen haben. Bald steht die Identität des jungen Mannes fest: Es ist der siebzehnjährige Kellnerlehrling Helmut P. Obwohl der Mord tagelang Gesprächsthema Nummer eins gewesen war, hatte der offenbar letzte Begleiter des Opfers sich nicht von sich aus gemeldet – das macht ihn jetzt hochverdächtig. Polizeibeamte holen ihn von seiner Arbeitsstelle ab, er muss sofort zur Einvernahme zur Mordkommission nach Graz. Der Bursche wirkt hoch nervös. Er weiß nicht mehr, wann er nach Hause gefahren ist, und als die Beamten ihn mit den Beobachtungen der beiden Zeuginnen konfrontieren, verwickelt er sich in Widersprüche. Der zuständige Staatsanwalt zögert nicht: Haftbefehl. Helmut P. wird in die Justizanstalt Graz-Jakomini eingeliefert.

Helmut P. stammt aus ärmlichen Verhältnissen. Sein Vater war gestorben, als er noch ein Kleinkind war, die Mutter musste ihre vier Kinder mit Putzarbeiten durchbringen. Helmut war der Jüngste, musste die abgetragenen Kleider seiner Geschwister anziehen, wurde deshalb in der Schule oft gehänselt. Es verletzte ihn, doch er ließ sich nichts anmerken. Stattdessen brillierte er als Schüler, was ihm dank seiner Intelligenz und seines Ehrgeizes nicht schwer viel. Als er zwölf war, starb auch seine Mutter an Krebs, und er kam zu einer

Pflegefamilie. Was hätte er dafür gegeben, aufs Gymnasium gehen zu dürfen und zu studieren, doch dafür fehlte das Geld. Mit sechzehn zog er von daheim aus, begann eine Kellnerlehre – und schwor sich: »Ich werde den verwöhnten Bürgerskindern zeigen, was in mir steckt ...«

* * *

Die Nachricht von Helmuts P.'s Verhaftung verbreitet sich wie ein Lauffeuer. Alle wollen es schon immer gewusst haben: »Helmut war schon immer komisch. Er stammt halt aus asozialen Verhältnissen. Er hat wohl den ganzen Hass in sich hineingefressen.«

Die Ermittler sind sich sicher, Sonjas Mörder gefasst zu haben, es fehlt nur noch das Geständnis. Doch Helmut P. beteuert seine Unschuld. Aber nicht so, wie man es von einem Unschuldigen erwarten würde: Er weint nicht, tobt nicht vor Verzweiflung, bricht nicht zusammen. Er bleibt stur, auch nach stundenlangen Verhören: »Ich war es nicht!« Ein »Steher«, wie es in der Sprache der Kriminalisten heißt. Sie wissen, dass es ohne Geständnis schwierig wird. Es gibt keine Beweise, und an der Leiche fanden sich keine verwertbaren Blut- oder Spermaspuren. »Kommissar DNA« war damals noch unbekannt. Und, vor allem: Wo ist das Motiv?

* * *

Fünf Wochen nach dem Mord meldet sich eine Ulrike F. bei der Polizei: Sie wisse, behauptet sie, dass Sonja einen Freund hatte. Einen, den sie nicht nur vor ihren Eltern, sondern auch vor ihren Freundinnen unbedingt geheim halten wollte: Weil er nämlich verheiratet und Vater eines einjährigen Kindes sei. Ulrike weiß den Vornamen und kann auch sonst ein paar Anhaltspunkte liefern, die auf die Identität des Mannes schließen lassen könnten: Er soll im Nachbarort wohnen und in einem renommierten Herrenbekleidungsgeschäft in Graz als Verkäufer arbeiten. Ein »fescher Typ« sei er, fügt Ulrike hinzu, obwohl sie ihn nur ein einziges Mal gesehen hat: Es sei ein Samstagnachmittag gewesen. Sie und Sonja hätten einen Ausflug nach Graz unternommen, um dort in den Geschäften zu bummeln. Anstatt abends mit dem Bus nach Hause zu fahren, seien sie in das Auto von Sonjas verheiratetem Freund gestiegen. Ulrike habe ihr hoch und heilig versprechen müssen, nur ja nichts den Eltern zu verraten. Anhand dieser Informationen ist es nur mehr polizeiliche Routinearbeit, die Ermittler können Erwin T., 23 ausforschen. Zwei Beamte erscheinen an seinem Arbeitsplatz und ersuchen den blonden, groß gewachsenen jungen Mann diskret, sich nach Geschäftsschluss im Kommissariat einzufinden. Ulrike erkennt ihn eindeutig als den geheimen Liebhaber ihrer verstorbenen Freundin wieder.

Erwin T. gibt zu, Sonja gekannt zu haben – allerdings nur flüchtig. Eine Liebschaft? Die bestreitet er ganz entschieden. Die Ermittler konfrontieren ihn mit Ulrikes Aussage, wonach er und Sonja damals im Auto heftig geknutscht hätten. Außerdem haben sie noch ein weiteres Ass im Ärmel: Sie haben inzwischen das Tagebuch der Ermordeten ausgewertet. Sonja schwärmt darin von einer »verbotenen Liebe«, doch das ist nicht alles: Eingeheftet zwischen den Seiten fand sich ein kleines Passbild – es zeigt eindeutig Erwin T. Der weiß jetzt, dass das Leugnen seiner Beziehung sinnlos geworden ist, bricht weinend zusammen und gibt alles zu. Nicht den Mord freilich, sondern die außereheliche Affäre: »Bitte, sagen Sie meiner Frau nichts! Ich liebe sie, und ich liebe unseren Sohn!« Die Beamten lassen sich nicht beeindrucken und bleiben hart: »Wo waren Sie in der Mordnacht?« Viele Verdächtige haben keine Ahnung, wo sie zu einem bestimmten Zeitpunkt waren, und das ist auch ganz normal. Nicht so Erwin T.: »Ich bin erst weit nach Mitternacht nach Hause gekommen. Eigentlich hatte ich vorgehabt, Sonja zu treffen. Doch daraus wurde nichts, denn meine Mutter hatte einen schweren Asthmaanfall. Ich bin zu ihr gefahren und bin stundenlang bei ihr geblieben, weil sie Angst vor dem Ersticken hatte. Am nächsten Tag habe ich dann erfahren, dass Sonja ermordet wurde, und mir gedacht: Mein Gott, wäre ich doch bei ihr gewesen ...« Erwin T. 's Mutter bestätigt das Alibi, nicht ohne hinzuzufügen: »Wissen Sie, mein Mann ist vor zwei Jahren an einem Herzinfarkt gestorben. Erwin ist der beste Sohn der Welt!«

* * *

Inzwischen ist der Herbst ins Land gezogen. Auch beim zweiten Mordverdächtigen, Helmut P., stecken die Ermittlungen fest. Im Gegensatz zu Erwin T. hat Sonjas letzter Begleiter kein Alibi. Er will den Club noch vor Mitternacht verlassen haben – alleine. Doch niemand kann das bestätigen. Die Kriminalisten sehen in Helmut P. einen knallharten Burschen, der nur das zugeben würde, was man ihm nachweisen kann. Doch Beweise fehlen, und letztlich ist die Suppe auch für den jungen Staatsanwalt zu dünn: Er hebt den Haftbefehl auf, Erwin P. wird auf freien Fuß gesetzt. Wenige Wochen später wird das Verfahren gegen ihn eingestellt.

* * *

Es wird Weihnachten, das neue Jahr bricht an. Eine dicke Schicht aus Schnee bedeckt den Maisacker, in dem die Leiche von Sonja T. gefunden wurde. Inzwischen hat eine Korruptionsaffäre Neuwahlen gebracht, es folgte ein Skandal um Gammelfleisch aus dem örtlichen Schlachthof. Der Mord an Sonja T. scheint allmählich in Vergessenheit zu geraten. Es sieht danach aus, dass dieses Verbrechen für immer ungeklärt bleiben wird.

Helmut P. ist eineinhalb Jahre nach dem Mord ausgelernt und verlässt die Stadt. Angeblich soll er nach Hamburg gegangen sein, heißt es. Er habe als Stewart auf einem Luxusliner angeheuert. Andere Bewohner der Kleinstadt glauben zu wissen, dass er nach Südamerika ausgewandert sei. Oder war es Australien? So genau weiß man es nicht, und will es auch gar nicht wissen. Hauptsache weit weg, von der beschaulichen steirischen Gemeinde, die Schauplatz eines abscheulichen Mädchenmordes geworden war. Den, so wird hinter vorgehaltener Hand getuschelt, zweifellos Helmut P. begangen habe. Dem man es aber nie nachweisen habe können.

* * *

Als ich Helmut P. kennenlerne, ist er längst ein gemachter Mann. Er hat die Welt gesehen, ein paar Jahre in Kanada gelebt, um dann wieder nach Österreich zurückzukehren und in einer niederösterreichischen Kleinstadt ein eigenes Gastronomielokal zu eröffnen. Ich helfe ihm in rechtlichen Belangen. Betriebsbewilligungen, Ärger mit Lieferanten und dergleichen. Er ist erfolgreich, bald wird sein Betrieb drei Filialen haben. Privat lief es weniger gut, seine Frau hat sich nach ein paar Jahren scheiden lassen, zum Glück haben die Eheleute sich am Schluss geeinigt, und ich habe einen Scheidungsvergleich ausgearbeitet, mit dem alle zufrieden waren. Helmut P. zog aus, ließ den gemeinsamen Sohn bei seiner Ex-Frau zurück und widmete sich fortan vor allem seinen Gastronomiebetrieben. Womit er als Gastwirt zwangsläufig in die Mühlen der heimischen Bürokratie geriet. »Sie bringen uns um, mit ihren Vorschriften und Richtlinien! Wie soll man da überleben?« schimpft er mir gegenüber nicht nur einmal. »Gehen Sie doch in die Politik, um etwas zu verändern!«, stachle ich ihn regelmäßig an, doch er winkt ab. Ich kann es verstehen, denn Helmut P. ist das Gegenteil eines Provinzpolitikers: Er trinkt nicht, ist kein leutseliger Festzeltbesucher und schwingt keine Stammtischreden. Doch er ist ein hemdsärmeliger Typ, der sich durch ehrliche Arbeit etwas geschaffen hat, das ihm die Achtung vieler Menschen eingebracht hat. Als der Bürgermeister ihm eine Bewilligung für einen Umbau verweigert, platzt ihm der Kragen: Er gründet eine eigene Liste, wagt den Sprung in die Politik und erhält auf Anhieb fast ein Drittel der Stimmen.

* * *

Helmut P. sitzt längst im Gemeinderat, als er unerwartet damit konfrontiert wird: Einer von der politischen Gegenseite hat offenbar in seiner Vergangenheit gewühlt und herausgefunden, dass er einst Hauptverdächtiger in einem schrecklichen Mordfall war, der nie geklärt werden konnte. Seitdem werden Zeitungsredaktionen mit anonymen Schreiben und alten Zeitungsberichten bombardiert, sogar in privaten Briefkästen fanden sich verleumderische Schreiben unbekannter Absender.

»Wir werden Strafanzeige erstatten. Aber die Chance, dass der oder die Verfasser ausgeforscht werden können, ist gering«, lautet meine ernüchternde Auskunft. Ich rate ihm, in die Offensive zu gehen: Wenn an den Gerüchten nur irgendetwas dran gewesen wäre, dann wäre er damals sicherlich angeklagt worden!

Doch in der Politik wird mit anderen Maßstäben gemessen: Die Unschuldsvermutung gilt hier nicht. Helmut P. muss erkennen, dass er als Politiker nicht mehr tragbar ist. Er legt sein Mandat zurück, meidet hinfort die Öffentlichkeit, kapselt sich immer mehr ein. Ja, da sind noch seine Betriebe, die ihn brauchen. Aber er ist angeschlagen. Bald sperrt er eine Filiale zu, dann die nächste, und auch das Stammlokal läuft längst nicht mehr so gut.

Helmut P. ist von seiner Vergangenheit eingeholt worden. Ist er daran zerbrochen, zu Unrecht als Mörder abgestempelt zu sein? Oder vielmehr daran, dass er mit einer alten Schuld nicht leben kann? Das weiß nur er selbst.

***

Es ist eine eiskalte Novembernacht, als den Bewohnern eines kleinen Dörfchens in der Kärntner Ski- und Wanderregion Klippitztörl ein Feuerschein am Berghang auffällt. Am nächsten Tag halten einige Männer Nachschau und machen eine grausige Entdeckung: Unter dem Geäst liegt eine verkohlte Leiche.

Wenig später steht die Identität der Toten fest: Es handelt sich um die vierundzwanzigjährige Serviererin Ramona S. Die Polizei ermittelt in ihrem Umfeld, bald gibt es einen Mordverdächtigen: Ramona S. hatte eine Beziehung mit einem nicht mehr ganz jungen, doch attraktiven und stattlichen Mann. Da war nur ein einziger Schönheitsfehler: Er war verheiratet, die Liaison musste geheim bleiben. »Ramona war darüber nicht glücklich. Sie sagte mir, dass sie ihn verlassen wolle. Das war einen Tag vor ihrem Verschwinden«, erzählt ihre Kollegin den Kriminalbeamten. Nach den Angaben der jungen Serviererin wird ein Phantombild angefertigt. Doch der geheimnisvolle Liebhaber kann vorerst nicht ausgeforscht werden.

Dem gerichtsmedizinischen Gutachten zufolge war die Frau schwer misshandelt und dann erwürgt worden. Hinweise auf eine Vergewaltigung fanden sich nicht, auch keine verwertbaren DNA-Spuren. Dafür gibt es etwas anderes, das zum Täter führen könnte: Unter den verbrannten Kleidungsstücken befindet sich ein Herrenschal, auf dem eine noch gut erkennbare Wäschemarke angenäht ist. Es handelt sich um ein exklusives italienisches Modehaus, dessen Kollektion in Österreich von einer Handelsagentur vertrieben wird. Einer der Vertreter heißt Erwin T. Die Beamten überprüfen routinemäßig seine Kartei: Er hat keine Vorstrafen. Doch im polizeiinternen Register ist alles angeführt, auch eingestellte Verfahren. Und siehe da, Erwin T. war schon einmal wegen eines Frauenmordes verdächtigt worden, der vor fast dreißig

Jahren in einer steirischen Kleinstadt begangen worden war. Der Mord ist bis heute ungesühnt. Das reicht, um ihn verdächtig zu machen. Erwin T., mittlerweile Anfang fünfzig, wird vorgeladen.

Er erscheint pünktlich zum Verhör. Rote Raulederjacke, selbstbewusstes Auftreten, und trotz der schütteren, angegrauten Haare ist er immer noch ein Typ, der auf Frauen wirkt. Und das weiß er. Als die einvernehmende Beamtin ihn fragt, woher er denn die Kratzwunden am Unterarm habe, lächelt er sie charmant an: »Hauskater Burli hatte einen schlechten Tag!« Tja, und was diesen scheußlichen Mordfall betrifft, könne er »leider keine sachdienlichen Hinweise« liefern: »Ich habe diese Frau gar nicht gekannt!« Es kommt zur Konfrontation mit der jungen Serviererin. Sie erkennt ihn wieder: »Das ist Ramonas Liebhaber, ich habe keine Zweifel!« Daraufhin ändert er seine Strategie. Er gibt die Affäre zu und erklärt, dass er sie wegen seiner Ehe geheim halten habe müssen. Was aber den Mord betrifft, so habe er nichts damit zu tun. Doch die Ermittler glauben seinen Beteuerungen nicht. Nachdem sie den alten Akt aus dem Jahr 1978 gelesen haben, hegen sie sogar den Verdacht, dass die inzwischen verstorbene Mutter ihrem Sohn ein falsches Alibi gegeben hat. Die Staatsanwältin erlässt Haftbefehl, Erwin T. wird in die Justizanstalt Graz-Jakomini eingeliefert. Es lässt sich nicht mehr vermeiden, dass seine Ehegattin von der Sache erfährt. Sie schreibt ihm, dass sie ihn verlassen wird. Nicht etwa wegen dem Mordverdacht, sondern wegen seiner Untreue: »Ich habe Dir so oft eine neue Chance gegeben. Das hast Du jetzt davon, dass Du Deine Finger nicht von den Weibern lassen hast können! Mach Dir keine Sorgen wegen Burli, den nehme ich mit.«

Nachdem Erwin T. den Brief seiner Frau gelesen hat, will er sofort mit den Polizeibeamten sprechen, die mit seinem Fall befasst sind. Zwei Stunden später legt er im Halbgesperre der Justizanstalt ein umfassendes Geständnis ab: »*Ich habe*

Ramona S. umgebracht. Weil sie mich verlassen wollte. Ich habe versucht sie umzustimmen, habe auf sie eingeredet. Doch sie ist hart geblieben, hat sich sogar lustig über mich gemacht. Ihr Verhalten hat mich derart aufgewühlt, dass ich nicht anders konnte. Ich habe sie am Hals gepackt und zugedrückt. Sie hat sich heftig gewehrt. Während ich ihren Hals mit der linken Hand weiterhin fest umklammert hielt, habe ich ihr mit der rechten Faust mehrmals ins Gesicht geschlagen. Sie hat sich dann nicht mehr gewehrt, doch ich habe den Würgegriff nicht gelockert. Ich habe so fest zugedrückt, wie ich konnte, meine Finger haben sich in ihr Fleisch gebohrt, es war wie im Rausch. Irgendwann habe ich sie ausgelassen, und da ist sie dann zusammengesunken und hat sich nicht mehr bewegt. Ich sah, dass ihre Augen offen waren, doch die Augäpfel waren ganz nach oben verdreht, man sah nur mehr das Weiße ... Da wusste ich, dass sie tot war. (...) Ich habe gewartet, bis es finster wird, dann habe ich die Leiche in meinen Kofferraum verfrachtet und bin über die Südautobahn zum Klippitztörl gefahren. Ich kenne mich in dieser Gegend gut aus, weil ich mit meiner Familie dort öfters Schifahren war. An einer einsamen Stelle bin ich stehen geblieben, habe die Leiche aus dem Kofferraum gehoben und in den Wald geschleppt, wo ich sie mit Geäst zugedeckt habe, dabei bin ich wohl mit dem Schal an einem Zweig hängen geblieben, ohne es zu bemerken. Dann habe ich sie angezündet.«

Es folgt eine lange Pause. Dann räuspert sich der Beamte, der das Geständnis soeben zu Protokoll genommen hat, und fragt: »Herr T., haben Sie uns noch etwas zu sagen? Zum Beispiel über die Sache aus dem Jahr 1978?«

Erwin T. bringt vorerst nur einen Satz heraus: »Bei der Sonja damals war es dasselbe ...« Dann bricht er schluchzend zusammen. Die Einvernahme muss für eine halbe Stunde unterbrochen werden. Danach legt er eine Lebensbeichte ab: »Ich bin froh, dass es jetzt vorbei ist. Die Schuld hat mich jahrzehntelang verfolgt, bis in meine Träume. Seit dem Tod meiner Mutter gab es niemanden, dem ich mich anvertrauen konnte ...« Die Beamten erfahren, dass die siebzehnjährige Sonja T. gegen zweiundzwanzig Uhr dieses lauen Sommerabends in das Auto ihres Liebhabers eingestiegen war. Erwin T. hatte mit ihr ein zärtliches Schäferstündchen verbringen wollen, stattdessen hatte sie ihm eröffnet: »Ich will nicht mehr, lass mich gehen!« Eine Schmach, die er nicht ertragen konnte. Er hat sie mit bloßen Händen erwürgt.

* * *

»Mädchenmord nach fast 30 Jahren geklärt!« Die Medien berichten österreichweit über den späten Erfolg der Kriminalisten, und so erfährt auch Helmut P. von der Aufklärung des Mordes, der jahrzehntelang einen dunklen Schatten über sein Leben geworfen hatte. Genugtuung empfindet er keine, wie er mir erklärt: »Im Nachhinein war es vielleicht gut so, dass ich meine Heimatstadt wegen den bösen Gerüchten verlassen habe. Ich habe die Welt gesehen, etwas aus mir gemacht. Ich bereue nur, wieder nach Österreich zurückgekehrt zu sein. Dieses Land ist kein guter Platz für Menschen, die etwas leisten wollen.« Helmut P. wird wohl immer ein Außenseiter bleiben.

Erwin T. wird wegen zweifachen Mordes zu einer Freiheitsstrafe von zwanzig Jahren verurteilt.

Eine Autofahrt durch die Wachau: Schlussgedanken

Blauer, wolkenloser Himmel. Weinberge. Ausflugsschiffe auf der Donau. Es ist ein strahlender Herbsttag, und ich fahre entlang einer Landstraße der Wachau. Ausgerechnet auf einem dieser schönsten Fleckchen Österreichs befindet sich das größte Gefängnis dieses Landes: die Männerstrafanstalt Stein an der Donau.

Heute morgen habe ich hier einen Klienten besucht: ein Mörder, der seine Freundin mit unzähligen Messerstichen abgeschlachtet hat, während er Geschlechtsverkehr mit ihr hatte. Er beteuert bis heute seine Unschuld, will das Verfahren mit meiner Hilfe wieder aufrollen, obwohl die Aktenlage klar gegen ihn spricht. »Wenn sie noch leben würde, würde sie meine Unschuld bezeugen!«, hat er heute gesagt und mich dabei mit seinen ungewöhnlich hellen Augen erwartungsvoll angesehen.

Es gibt Anwaltskollegen, die sich mit solchen Menschen niemals abgeben würden. Bei mir ist das anders: Was ist der Mensch? Hat er einen freien Willen? Was ist das, was wir »das Böse« nennen? Fragen, die mich immer schon beschäftigt haben. Es war mein Interesse am Menschen, das mich bewogen hat, Anwältin und Strafverteidigerin zu werden. In meinem Beruf bin ich mit einer unvergleichlichen Bandbreite von unterschiedlichsten Menschen und deren Schicksalen konfrontiert. Die Menschen, die sich zu schweren Verbrechen hinreißen haben lassen, oft durch entfesselte Emotionen, die andere zu Tode gefoltert haben, ohne sich dies erklären zu können, sie vertrauen mir: Ich bin ihre Anwältin und zur

Verschwiegenheit verpflichtet. Ich begegne ihnen auf Augenhöhe. Versuche, ihre Gedanken, ihre Gefühle zu erspüren. Taste mich so nah wie möglich an das Böse heran. Ohne zu verurteilen, denn ich bin kein Richter. Ich will verstehen. Und dann kann es geschehen, dass ich in Abgründe ungeahnten Ausmaßes blicke …

Manchmal frage ich mich, warum ich mir das alles antue. Gewiss hat es mit mir selbst zu tun: Der Blick in den Abgrund des anderen ist wohl auch ein Versuch, den Abgründen in einem selbst auf die Spur zu kommen.

ASTRID WAGNER

ICH LIEBE DICH! ICH TÖTE DICH!

Wenn Liebe tötet.
Reportagen einer Strafverteidigerin

Wieder ein Buch von Astrid Wagner, das die Leser durch packende Schilderung, Authentizität und Empathie mitreißt. Die in diesem Buch versammelten wahren Verbrechen zeigen die Abgründe der menschlichen Seele. Es sind unfassbare Geschichten von Liebe, die in Hass umschlägt, und Leidenschaft, die zu Mordlust wird.

Erhältlich auf AMAZON

ASTRID WAGNER

ABNORM.

*Wenn Menschen zu Bestien werden.
Reportagen einer Strafverteidigerin*

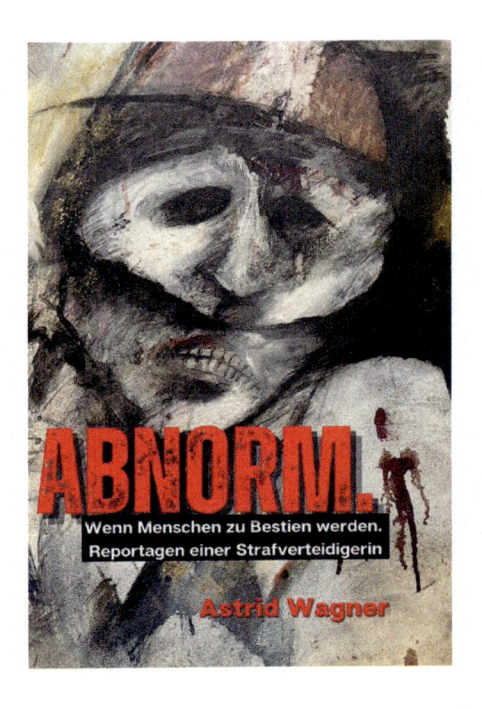

Es sind Menschen, die ein völlig unauffälliges Leben führen. Niemand bemerkt das Grauenhafte, das sich ankündigt. Es passiert plötzlich und ohne Vorwarnung. Etwas, das sich im Inneren dieser Menschen aufgestaut hat, entlädt sich mit ungeheurer Wucht. Die in diesem Buch geschilderten wahren Verbrechen zeigen auf, welch verheerende Auswirkungen abnorme Geisteszustände auf das Leben der Täter, Opfer und Angehörigen haben.

Erhältlich auf AMAZON

ASTRID WAGNER
DUNKLE LIEBE
Geschichten von Liebe und Hass.
Reportagen einer Strafverteidigerin

Wozu sind Menschen fähig, die ihrem Partner verfallen sind? Wie ist das, wenn aus Liebe abgrundtiefer Hass wird? Die in diesem Buch geschilderten Fälle handeln von enttäuschter Liebe, von Gier und von Rache, von dunklen Familiengeheimnissen, von kranker Sexualität, vom Leben und vom Tod: Wozu sind Menschen fähig, die ihrem Partner verfallen sind? Wie ist das, wenn aus Liebe abgrundtiefer Hass wird?

Erhältlich auf AMAZON

ASTRID WAGNER
VERBLENDET
*Die wahre Geschichte der Anwältin,
die sich in den Mörder Jack Unterweger verliebte*

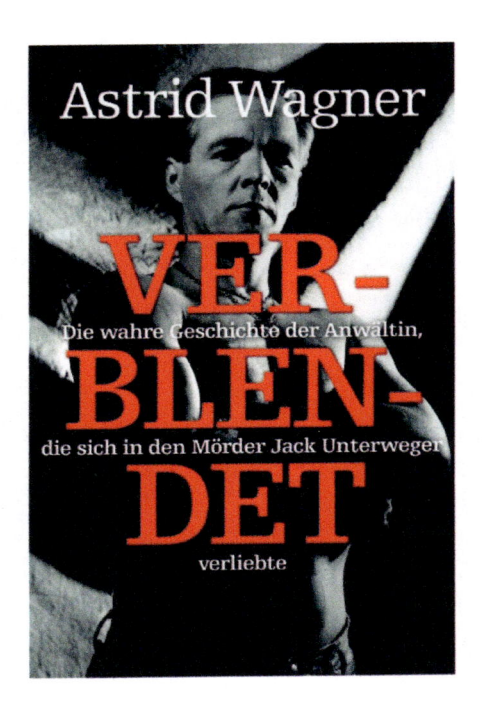

Der mutmaßliche Serienmörder Jack Unterweger bewegt seit Jahrzehnten die Gemüter. Der Schuldspruch wegen neunfachen Frauenmordes wurde nie rechtskräftig, da er sich nach dem Urteil in seiner Zelle das Leben nahm. In diesem Buch bekennt sich die erfolgreiche Rechtsanwältin Astrid Wagner freimütig zu ihrer Liebe zu dem mutmaßlichen Serienmörder und versucht der Frage nachzuspüren: »Was macht Männer wie Jack Unterweger so anziehend für Frauen?«

Erhältlich auf AMAZON

Printed in Great Britain
by Amazon